PAUL BAUDRY

CONSULAT ET EMPIRE

1800-1815

ROUEN

IMPRIMERIE DU NOUVELLISTE

RUE SAINT-ÉTIENNE-DES-TONNELIERS, 1

—

1900

PAUL BAUDRY

CONSULAT ET EMPIRE

1800-1815

ROUEN

IMPRIMERIE DU NOUVELLISTE

RUE SAINT-ÉTIENNE-DES-TONNELIERS, 1

—

1900

Paul BAUDRY

CONSULAT ET EMPIRE
1800-1815

En écrivant une histoire abrégée du *Consulat et de l'Empire*, je n'ai pas eu l'outrecuidance de révéler des faits nouveaux et inconnus.

Mon intention a été simplement de réunir, suivant l'ordre chronologique, les événements principaux qu'il importe de connaître pendant cette période, et de les dégager d'une foule de circonstances et de détails qui sont sans intérêt pour la plupart des lecteurs.

Dans la rédaction de cette étude, j'ai pris — ainsi que cela m'était arrivé précédemment, à propos de la *Révolution Française* — mon bien où je l'ai trouvé, sans m'astreindre à citer, chaque fois, les auteurs mis par moi à contribution. Comme précédemment aussi, la grande majorité de mes emprunts a été tirée, souvent même textuellement, de l'*Histoire de France*, par Théophile Lavallée.

1800

La tâche que se proposa le gouvernement consulaire fut de fonder la société nouvelle, issue du mouvement de 1789 et de la constitution de l'an VIII. Bonaparte y consacra ses efforts, et l'un de ses premiers actes fut de rattacher les anciennes provinces au pouvoir central, en renouvelant l'institution des intendants, c'est-à-dire en confiant l'administration des départements à des préfets, et celle des arrondissements à des sous-préfets, lesquels eurent la nomination des maires chargés de l'administration des communes, 2 mars. Les conseils de département, d'arrondissement et de commune, nommés aussi par le pouvoir central, n'eurent plus dans leurs attributions que la répartition de l'impôt. Le jugement du contentieux administratif revint à un conseil de préfecture, dont les décisions devaient être jugées en appel par le Conseil d'Etat.

L'organisation judiciaire comporta un tribunal civil par arrondissement, un tribunal criminel par département, et vingt-neuf tribunaux d'appel. Les juges, au lieu d'être nommés temporairement par le peuple, furent amovibles, à vie, et nommés par le premier consul, à l'exception de ceux du tribunal de cassation, qui étaient nommés par le Sénat. L'ancienne institution des avoués fut rétablie.

La perception des contributions, qui s'effectuait difficilement, fut assurée par la création d'un receveur général par département, et de receveurs particuliers par arrondissement. Un vaste système d'inspecteurs et de contrôleurs dut mettre fin aux dilapidations.

Le crédit se releva, et le tiers consolidé qui, le 18 brumaire, 9 novembre, était à 11 francs, monta, cette année, le 20 février, à 35 francs.

Une organisation, qui réunissait la nation entière dans la main du premier consul, sacrifiait l'indépendance locale et l'œuvre de l'Assemblée constituante. Mais elle assurait au gouvernement une force administrative presque sans précédents. Pour la mettre en pratique, Bonaparte voulut recourir aux jacobins comme aux royalistes.

Cependant les agents des Bourbons et de l'étranger n'étaient pas satisfaits. Ils avaient cru voir, dans l'auteur du 18 brumaire, un nouveau Monk qui rétablirait Louis XVIII. Leurs espérances se trouvant déçues, un soulèvement général se déclara dans le Poitou, le Maine, la Bretagne et la Normandie. Les principaux chefs étaient Georges Cadoudal et le comte Louis de Frotté. Bonaparte se mit en devoir de les soumettre. Georges, surpris à Grandchamp, capitula et se réfugia en Angleterre. Frotté, dont l'histoire complète a été publiée, en 1889, par M. de La Sicotière, fut arrêté, malgré un sauf-conduit dont il était muni, et exécuté près de Verneuil, 18 février.

Bonaparte avait promis la paix à la nation. Campo-Formio avait plus fait que Rivoli pour sa popularité, et dès le 28 décembre 1799, il avait écrit au roi d'Angleterre pour témoigner de ses intentions pacifiques. Le cabinet britannique donna à entendre que le rétablissement de la dynastie royale pouvait seul assurer à la France la possession incontestée de son ancien territoire. L'Autriche ne répondit pas à ses avances dans un sens plus favorable. Alors il publia les démarches infructueuses qu'il avait tentées et rendit la guerre nationale.

Les hostilités recommencèrent au printemps.

L'Autriche avait deux grandes armées. L'une devait garder la Lombardie, et pénétrer en Provence, où viendraient la joindre les Anglais assemblés à Minorque. L'autre, sur le Rhin, donnerait la main à l'armée d'Italie. Le plan de Bonaparte fut d'empêcher la jonction des troupes ennemies, et de fondre en Italie par le centre des Alpes. Masséna, qui était à Gênes, fit des efforts considérables pour s'y maintenir, quoiqu'avec des forces bien insuffisantes, et donna ainsi au premier consul les moyens d'exécuter son hardi projet.

Quand l'armée fut concentrée autour de Genève, Bonaparte quitta brusquement Paris, arriva aux pieds des Alpes, 10 mai, et, au lieu de les tourner, comme précédemment, résolut, à l'exemple d'Annibal et de César, d'en opérer le passage à plus de 1,200 toises au-dessus du niveau de la mer, et de tomber comme la foudre au milieu des Autrichiens dispersés de Mantoue à Nice. Jamais armée moderne n'avait tenté de franchir, avec tous ses bagages, ces rocs escarpés de dix lieues de glaces et de neiges. Toutes les mesures furent prises pour le démontage et le remontage de l'artillerie; les cartouches et les munitions renfermées dans de petites caisses, et les affûts portés à dos de mulets. Le sol avait été couvert de fumier, et les roues des véhicules enveloppées d'étoupes pour étouffer le moindre bruit. Les soldats s'attelèrent aux pièces de canons contenues dans des troncs d'arbres creusés; et, malgré des dangers et des fatigues inouïs, l'armée atteignit, du 16 au 20 mai, des sommets presque inaccessibles où le pied humain n'avait laissé aucune empreinte. Elle reçut, au couvent du grand Saint-Bernard, les secours de la plus généreuse hospitalité, passa inaperçue, avec une rapidité vertigineuse, sous les feux d'un fort qui commandait la route, et, se laissant, pour ainsi dire, glisser sur des glaciers perpendiculaires, introduisit 60,000 hommes entre Milan et Turin.

L'entrée de Bonaparte à Milan, 2 juin, frappa de stupeur le général autrichien Mélas, qui, cependant, résolut de concentrer toutes ses forces et de livrer bataille devant Alexandrie, dans la grande plaine de Marengo.

Après un double insuccès de Victor et de Lannes, l'arrivée de Desaix ranima nos troupes, et la mort de l'intrépide héros, qu'une balle vient de frapper, les enflamme d'une nouvelle ardeur, au lieu d'abattre leur courage. Victor et Lannes se reportent en avant; les cavaliers de Kellermann culbutent

tout devant eux, et, en une heure, le terrain, où s'étaient
défendus les ennemis, leur est repris, 11 juin. En une heure,
les Autrichiens perdent ce qu'ils ont acquis en dix-huit mois,
par vingt victoires, ils signent l'armistice d'Alexandrie, et se
retirent derrière le Mincio, en livrant aux Français tout le pays
compris entre cette rivière et les Alpes, avec Alexandrie, Turin, Gênes, Savone et Tortone, 16 juin : « J'espère que le
peuple français sera content de son armée », écrit Bonaparte
aux consuls.

Le musée de Rouen possède une belle toile d'Hippolyte
Bellangé, représentant la charge de Kellermann à Marengo.

Cette victoire éclatante permit à Moreau, vainqueur à
Hœchstœdt, de suspendre aussi l'action sur le Danube, 15 juillet. Ce fut dans le cours de cette dernière campagne, au combat de Neubourg, que périt le célèbre La Tour d'Auvergne. Touché de son courage, le premier consul lui avait donné le titre
de premier grenadier de France. Après sa mort, son cœur fut conservé dans sa compagnie, son nom resta sur les contrôles, et,
à l'appel de ce nom, un grenadier devait répondre : « Mort au
champ d'honneur ! »

Les hostilités reprises de nouveau, à l'instigation de l'Angleterre, qui voyait sa puissance maritime compromise par la
paix continentale, assurèrent à Moreau le succès de la grande
bataille de Hohenlinden, en Bavière, 2 décembre, et firent
briller, du côté du Danube, la valeur de Richepanse et de Ney,
pendant que, sur le Mincio, Brune et Suchet se maintenaient
glorieusement, sinon d'une manière aussi décisive, et que
Murat réduisait la cour de Naples au silence.

Au milieu de nos succès européens, l'occupation de l'Egypte
s'était continuée péniblement. Par sa victoire d'Héliopolis,
20 mars, Kléber avait relevé le prestige de nos armes, mais il
mourut assassiné par un turc fanatique, le 14 juin, le jour
même où Desaix, son compagnon de gloire, tombait à Marengo,
et sa conquête allait être perdue et entièrement abandonnée
le 2 septembre de l'année suivante.

A l'intérieur, les partis hostiles à Bonaparte n'avaient pas
désarmé. Le 24 décembre, une petite charrette, chargée
d'un baril de poudre, auquel le feu serait mis en temps
voulu, fut placée à Paris, rue Saint-Nicaise, de manière à em-
barrasser la marche du premier consul qui devait aller par là
pour se rendre à l'Opéra. Le cocher, qui conduisait la voiture
de Bonaparte, fut assez adroit pour passer rapidement entre la
charrette et la muraille, au moment où s'allumait la mèche de
cette machine infernale. Une épouvantable explosion ébranla
tout le quartier, démolit plusieurs maisons, et tua ou blessa

52 personnes, mais sans atteindre la voiture consulaire, dont les vitres cependant furent brisées par la commotion.

Les assassins s'échappèrent. Fouché accusa les royalistes de cette criminelle tentative, Bonaparte crut y voir la main des septembriseurs, et voulut profiter de la circonstance pour en purger la République. Par ordre des consuls, 130 jacobins furent déportés, et cinq autres individus, traduits devant une commission militaire, condamnés à mort et exécutés.

1801

La ratification de la convention d'Alexandrie fut signée à Lunéville, sur les bases du traité de Campo-Formio, 9 février, savoir : La rive gauche du Rhin et les provinces belges de rechef assurées à la France ; les Républiques cisalpine, ligurienne, helvétique et batave, reconnues indépendantes ; les états ecclésiastiques d'Allemagne sécularisés au profit des princes dépossédés ; la Toscane enlevée au grand-duc ; le roi de Piémont officiellement déchu du trône, et le nouveau Pape Pie VII rétabli dans le gouvernement pontifical. Le roi de Naples fit sa paix particulière, 28 mars, en s'obligeant à fermer ses portes aux Anglais et à laisser Soult occuper quelques points de son territoire.

La coalition de 1799, qui venait d'être dissoute, est celle que l'on appelle généralement la seconde, quoiqu'il semble que ce rang doive appartenir à la coalition de 1793, qui déjà n'était pas la première. Le soulèvement des nations les unes contre les autres, et particulièrement contre la France, était d'ailleurs passé à l'état chronique.

L'Angleterre restait armée, prétendant imposer ses lois sur l'Océan, et enchaîner la liberté des mers. De là, une quadruple alliance du Danemark, de la Suède, de la Prusse et de la Russie, dans le but de fermer aux vaisseaux anglais les portes des contrées du Nord. Le czar, Paul Ier, avait dès cette époque, envoyé une ambassade solennelle à Bonaparte, pour s'unir à lui dans une action commune. Mais sa mort tragique, 25 mars, attribuée à l'animosité de ceux de ses compatriotes qui désapprouvaient ses rapports avec le premier consul, le bombardement de Copenhague audacieusement entrepris par Nelson, 2 avril, et la prise de Malte par l'Angleterre, permirent aux belligérants de déposer les armes et de s'entendre sur d'honorables conditions de paix.

Des négociations s'ouvrirent à cet effet à Londres, 1er octobre.

1802

Le traité, que l'on pouvait croire définitif, fut conclu à Amiens, 25 mars. L'Angleterre rendait à la France, et aux alliés de la France, presque toutes leurs colonies. L'Égypte était restituée à la Porte, l'île de Malte à l'Ordre de Saint-Jean; les Français devaient évacuer le Portugal, l'État romain et Naples. Le peuple anglais recouvrait sa puissance maritime et faisait retentir les bords de la Tamise des cris de : « Vive Bonaparte! ». Cependant, la révolution française demeurait maîtresse de la Belgique, des provinces du Rhin et de l'Italie ; elle avait sous son protectorat la Hollande, l'Allemagne, la Suisse et l'Espagne. L'aristocratie déclara donc un tel traité le triomphe du jacobinisme.

C'était néanmoins une accalmie heureuse, et Bonaparte en profita pour développer la prospérité intérieure du pays et consacrer à ce but les ressources d'un incomparable génie que la guerre avait, jusque-là, principalement occupé. La rentrée des revenus était maintenant certaine. Pour la première fois depuis un siècle, l'équilibre s'établissait entre les recettes et les dépenses. L'industrie nationale allait s'accroître à l'aide de tarifs protecteurs. Les bibliothèques, les musées, les établissements d'instruction publique, l'université avec les lycées reçurent une organisation puissante. La Légion d'honneur stimula le patriotisme sous quelque forme qu'il pût se présenter, 19 mai. Les communications furent facilitées par la réparation des routes, l'ouverture de canaux, l'agrandissement des ports, l'accès des Alpes à travers le Simplon.

Ce travail de régénération devait être complété par une œuvre mémorable.

Au nouvel édifice il fallait une base, la seule vraie, la religion. Après le schisme de 90, après l'athéisme de la Terreur et le culte dérisoire tenté par Robespierre, un vide immense s'était fait dans la France catholique restée sans culte et sans autel. Le christianisme semblait éteint. D'un côté, les prêtres insermentés, et qui seuls avaient du crédit sur la population, ne voyaient les préceptes de la foi compatibles qu'avec le retour des Bourbons et de l'ancien régime, et demeuraient réfractaires au nouveau pouvoir. De l'autre, le clergé constitutionnel, qui voulait refaire une Église nationale en dehors du

Pape, était discrédité, quoiqu'il eût donné et peut-être parce qu'il avait donné des gages à la révolution.

Bonaparte résolut d'entreprendre la restauration de la religion. Quelles que difficultés qu'il dût rencontrer dans cette tentative, il savait qu'il n'y a pas en France une idée, un sentiment qui ne soient d'origine chrétienne. Si matérialisés qu'ils eussent été par les doctrines philosophiques, si peu pratiquants qu'ils fussent alors devenus, les Français professaient toujours un grand respect pour le culte traditionnel de leurs ancêtres. Ceux même qui s'en disaient les plus grands ennemis, en retrouvaient, à leur insu, les inspirations dans les mœurs, dans la vie intime, dans la civilisation.

Malgré ses tergiversations, la France était foncièrement chrétienne; et, en fin de compte, le succès serait assuré à celui qui encouragerait le mouvement religieux. Chateaubriand, aux premiers mois de l'année, venait de révéler dans un langage éloquent, que tout ce qu'il y a de bon et de poétique en nous vient de la foi, et sous le titre de *Génie du Christianisme*, avait dédié au « restaurateur de la religion », un ouvrage qui eut un immense retentissement.

Le vainqueur de Marengo, encore plus superstitieux peut-être que réellement religieux, n'était dans tous les cas pas athée! Soit par conviction, soit pour flatter certains esprits, il avait, quatre jours après sa victoire, assisté, dans la cathédrale de Milan, à un *Te Deum* solennel. Il comprit toute la force morale qu'il puiserait dans le rétablissement du culte, et dans l'extinction du schisme, et tenta un rapprochement avec l'autorité papale.

Pie VII, qui occupait le Saint-Siège depuis le 14 mars 1800. était disposé à entrer dans ses vues. Précédemment évêque d'Imola, il avait fait, le 25 décembre 1797, dans une homélie, la déclaration suivante : « Soyez de bons chrétiens, et vous serez de bons démocrates... Les premiers chrétiens étaient animés de l'esprit de démocratie. » Le 29 juin de la présente année, il devait, à la demande de Bonaparte, accorder un bref pour la sécularisation de Talleyrand, dont il disait avec indulgence : « Que Dieu ait son âme; mais moi je l'aime beaucoup. » Il adhéra donc avec empressement aux négociations que le cardinal Gonzalvi fut chargé de conduire avec notre illustre Portalis, et qui eurent pour résultat le célèbre traité appelé Concordat.

La religion catholique fut reconnue comme la religion du gouvernement et de la majorité des Français. Le culte serait public. Il était créé dix archevêchés et cinquante évêchés. Tous les anciens sièges abolis, le consul nommerait les nouveaux titulaires, auxquels le Pape donnerait l'institution apostolique. Le gouvernement s'engageait à fournir un traitement convenable aux évêques et aux curés. Les propriétés des anciens biens ecclésiastiques étaient déclarées incommutables entre les biens des acquéreurs; le célibat des ecclésiastiques reconnu.

Le Souverain Pontife, ayant demandé leur démission aux évêques constitutionnels, et insermentés, deux des premiers et trente-sept des seconds la refusèrent. Alors une bulle annula tous les sièges anciens et en institua soixante nouveaux, que le premier consul pourvut de douze prélats constitutionnels, et de dix-sept prélats et trente-un prêtres insermentés.

A côté du Concordat, parfaitement consenti par les deux puissances contractantes, fut glissée une série d'articles organiques qui tendaient à mettre le clergé sous la dépendance absolue du gouvernement, et dont rien n'avait été dit dans les négociations préliminaires. Le Pape réclama énergiquement, mais en vain, contre ces additions inspirées par le vieil esprit des parlementaires.

Conclu le 15 juillet 1801, le Concordat fut présenté au Tribunat et au Corps législatif le 8 avril 1802, adopté sans discussion, et consacré, le lendemain jour de Pâques, par un *Te Deum*, à Notre-Dame de Paris.

Bonaparte demanda le lendemain à Augereau, le futur maréchal. comment il avait trouvé la cérémonie : « Très belle, répondit celui-ci, il n'y manquait qu'un million d'hommes qui se sont fait tuer pour détruire ce que nous rétablissons ».

L'édifice religieux était sauvé. Quel que fût le mobile auquel il venait d'obéir, le premier consul, qui connaissait mieux que ceux qui l'entouraient le fond des cœurs, avait brisé l'idole de l'impiété, rendu à Jésus-Christ ses temples et ses autels, conquis son plus incontestable titre de gloire et de popularité : c'était la plus belle victoire qu'il lui fût possible de remporter sur le génie subversif.

Mais, en présence de l'impiété naguère encore triomphante, il faut reconnaître qu'il lui avait fallu plus de courage pour assister à une grand'messe que pour triompher à Marengo. D'ailleurs, tout ce qui avait pris part à la révolution ne dissimulait pas sa colère, et voyait une sorte de trahison dans la restauration de l'élément chrétien. — Si une partie du clergé se soumettait, une autre partie ne se montrait elle-même pas confiante, faisait ses réserves et conservait ses affections à l'ancien régime.

Les anarchistes s'indignèrent plus encore d'un sénatus-consulte que Bonaparte fit rendre le 26 avril, et par lequel amnistie était accordée à tous les émigrés, à condition qu'ils rentreraient en France et prêteraient serment de n'entretenir aucune correspondance avec les étrangers et les Bourbons. Les émigrés allaient être rétablis dans la possession de leurs biens non vendus; or, cela inquiéta les acquéreurs des biens nationaux et irrita les républicains, qui répétaient qu'un million d'hommes était mort en combattant les alliés de l'étranger.

Par ces diverses manifestations de sa personnalité, le premier consul préparait l'opinion à l'avénement de la dictature. Déjà, l'année précédente, il avait épuré le Tribunat, fait du Sénat une machine à décrets, et réduit le Corps législatif à une sorte de pantomime. Il allait maintenant continuer son travail de réorganisation sociale, et par des actes de plus en plus hardis et absolus, saper les bases de la République.

En recevant communication du traité d'Amiens, le Tribunat avait émis le vœu qu'un gage éclatant de la reconnaissance nationale fût donné à Bonaparte. Conformément à ce vœu, le Sénat rendit un sénatus-consulte par lequel le premier consul était à l'avance renommé pour dix ans, 11 mai. Celui qui était l'objet d'un semblable honneur, déclara que la nation devait être consultée, et lui demanda, en effet, de se prononcer sur la question ainsi formulée : « Serait-il, oui ou non, consul à vie? » — Sur 3,577,259 votants, 3,568,890 suffrages furent pour le consulat à vie. Par là, la constitution de l'an VIII se trouvait détruite; le nouvel élu fit adopter, sans discussion, par le Sénat, le 4 août, 16 thermidor an X, un nouveau projet, dit de sénatus-consulte organique de la constitution de l'an VIII. Les membres des collèges électoraux présenteraient des candidats pour chaque place vacante au Tribunat, au Corps législatif et au Sénat. Les consuls seraient à vie et présideraient le Sénat. Le premier consul pourrait choisir son successeur, et aurait droit de faire grâce. Le Sénat règlerait tout ce qui n'aurait pas été prévu par la constitution, et pourrait dissoudre le Corps législatif. Celui-ci recevrait les projets de lois discutés entre les délégués du Tribunat et les délégués du Conseil d'Etat. Le Conseil d'Etat serait composé de 50 membres; le Tribunat réduit à ce même nombre.

Le peuple, naguère si remuant, si terrible, s'inclina devant la volonté d'un homme qui lui en imposait par l'énergie de ses résolutions, et chez lequel il reconnaissait ses passions, ses idées, ses sentiments.

Par sa position géographique, et une supériorité de civilisation qu'il est impossible de méconnaître, la France exerçait depuis longtemps une sorte de patronage sur les états environnants. Son influence avait été principalement consacrée par le traité de Westphalie. Bonaparte suivit, sous ce rapport, la politique successivement mise en œuvre par Henri IV et par Louis XIV ; et sa médiation intervint efficacement dans les affaires de l'Allemagne et de la Suisse.

Son action était capable de s'étendre sur les deux mondes. Il projeta donc le recouvrement de notre puissance coloniale ; mais, ici, son espoir fut déçu.

Depuis 1791, l'île de Saint-Domingue était au pouvoir des nègres. Les principes révolutionnaires, semés dans cette grande partie des Antilles, avaient causé une déplorable fermentation parmi les mulâtres et les noirs affranchis, qui, sous la conduite d'un vieil esclave, Toussaint Louverture, avaient travaillé à conquérir leur liberté et refusé d'obéir aux délégués de la France, tout en leur manifestant des sentiments sympathiques.

Dès la fin de 1801, Bonaparte avait envoyé contre eux une expédition de 80 bâtiments, sous le commandement de Leclerc, mari de sa sœur Pauline. Toussaint, vaincu dans huit combats, fut conduit en France où il mourut. Mais le climat et la fièvre chaude firent périr des milliers d'hommes. Leclerc succomba le 14 septembre, et bientôt la rupture de la France et de l'Angleterre nous fit abandonner définitivement Saint-Domingue, dont l'indépendance fut proclamée, deux ans après, sous le nom de République d'Haïti.

Après s'être fait céder la Louisiane par l'Espagne, Bonaparte comprit l'impossibilité de conserver cette possession que les Américains convoitaient et dut. en 1803, en négocier, à prix d'argent, l'abandon aux provinces unies.

Bonaparte venu à Rouen à la fin de 1802, visita, le 2 novembre, la manufacture des frères Sevenne et félicita dans la même ville J.-T.-G. Biard, inventeur d'un métier à tisser par eau.

1803

Une œuvre qui contribua, au plus haut degré, à l'illustration du premier consul et qui devait lui survivre, fut la réforme, réalisée en 1803, des lois qui régissent la famille et la propriété.

Souvent, la monarchie avait rêvé l'établissement d'un Code unique, en remplacement des nombreuses et confuses coutumes provinciales. Le moment, préparé par l'Assemblée constituante, était venu d'implanter une nouvelle législation qui pût servir de modèle à la législation des peuples issus du monde féodal. Le plan en fut rédigé par Tronchet, Portalis, Bigot de Préameneu et de Maleville, soumis à tous les tribunaux, discuté devant le Conseil d'Etat, sous la présidence de Bonaparte, et, après trois années d'études, promulgué le 21 mars. Ce *Code Civil* reçut d'abord le nom de *Code Napoléon*, en souvenir de la part considérable qu'y avait prise le chef de l'Etat.

Cependant l'Europe continuait à être divisée en deux camps ennemis, que les luttes précédentes n'avaient fait que maintenir dans une animosité réciproque. D'un côté, les états du Nord, représentant le passé, de l'autre, la France symbolisant la révolution, quelle que forme de gouvernement qu'elle adoptât, et ne cessant d'être détestée. La paix ne pouvait être qu'une trêve, et la lutte devait recommencer.

Les journaux anglais ne cessaient d'être pleins d'invectives contre la France et Bonaparte. L'oligarchie anglaise s'indignait de voir, après le traité d'Amiens, notre puissance maritime se rétablir, et les prohibitions être conservées sur les marchandises provenant des Iles Britanniques. Elle agitait sur le continent tous les éléments de discorde, soldait les émigrés restés à Londres, et demandait la guerre avec fureur. Sous prétexte que la France désirait reprendre l'Egypte, le cabinet anglais refusa, malgré les traités, de rendre l'île de Malte et en demanda la cession :

« J'aimerais mieux, répondit Bonaparte à l'ambassadeur chargé de lui transmettre ce refus, j'aimerais mieux vous voir maîtres du faubourg Saint-Antoine que de Malte »

Personne n'imaginait alors que, pour garder un rocher qu'ils avaient juré de restituer, les Anglais voulussent, de gaîté de cœur, se précipiter dans un duel à mort. Ce fut cependant ce qui arriva, 13 mai. Leurs escadres se mirent à la poursuite de ceux qui naviguaient sur la foi des traités. Douze cents bâtiments français et bataves furent pris ainsi, avec leurs équipages et leurs passagers.

Cette rupture de la paix d'Amiens, l'un des événements les plus graves de l'histoire moderne, ouvrait une ère d'incommensurables contestations. Bonaparte répondit aux attaques en faisant arrêter tous les Anglais qui voyageaient en France, en fermant tous nos ports aux marchandises anglaises, aux bâtiments qui auraient même touché un port britannique, en reprenant toutes les positions occupées avant le traité d'Amiens, et en renouvelant ses projets de descente en Angleterre.

Un mouvement, ayant pour but de renverser le gouvernement, avait été, l'année précédente, encouragé par Bernadotte.

Les éléments d'une nouvelle et vaste coalition se reconsti-
tuèrent à Londres, et un complot, contre le premier consul, fut
ourdi par Pichegru, Georges Cadoudal, Armand et Jules de
Polignac, et d'autres réfugiés qui avaient le concours du général
Moreau.

Les conjurés, pour réaliser leur projet, s'embarquèrent sur
un bâtiment anglais de la marine royale, et abordèrent secrètement au pied d'une falaise escarpée, dite de Biville, entre
Dieppe et le Tréport. Une corde à nœuds, attachée solidement
au haut de la falaise, et descendant par une crevasse leur
servit à grimper au-dessus d'un précipice de 74 mètres. De
Biville, ils se rendirent par étapes à Paris, 21 août.

1804

Le complot découvert, au bout de six mois seulement, donna
lieu à l'arrestation de ses auteurs. Bonaparte était exaspéré :
il ne voyait plus que des assassins dans les Bourbons. Ayant
donc appris qu'un rassemblement d'émigrés se formait sur le
Rhin, et que le duc d'Enghien était à Ettenheim, à quatre
lieues de la frontière, il fit enlever, 16 mars, conduire à Paris,
et enfermer le jeune prince à Vincennes. Une commission
militaire devait le juger ; et, s'il était condamné, l'exécution
serait immédiate.

Pendant la soirée du 20 mars, le premier consul, qui dissimulait son emportement sous un calme fictif, faisait une partie
d'échecs avec Mᵐᵉ de Rémusat, dame d'honneur de Joséphine,
et que celle-ci avait instruite du malheur qui menaçait le dernier héritier de la race de Condé :

« Il ne jouait guère bien, dit Mᵐᵉ de Rémusat, ne voulant
pas se soumettre à la marche des pièces. Je le laissais faire ce
qui lui plaisait ; tout le monde gardait le silence ; alors il se
mit à chanter entre ses dents. Puis, tout à coup, il lui vint des
vers à la mémoire. Il prononça à demi-voix : « Soyons amis,
Cinna », puis les vers de Gusman dans *Alzire* :

> « Et le mien, quand ton bras vient de m'assassiner,
>   M'ordonne de te plaindre et de te pardonner. »

« Je crus, continue l'auteur du récit, qu'il était possible qu'il
préparât une grande scène de clémence.... Je ne pouvais me
persuader que Bonaparte ne fût pas ému de la pensée d'avoir
dans les mains une telle victime. Je souhaitais que le prince

demandât à le voir, et c'est ce qu'il fit, en effet, en répétant ces paroles : « Si le premier consul consentait à me voir, il me « rendrait justice, et comprendrait que j'ai fait mon devoir. » Peut-être, me disais-je, il ira lui-même à Vincennes, et il accordera un éclatant pardon. A quoi bon sans cela rappeler les vers de Gusman ? »

A supposer que l'ordre ait été donné de conduire l'accusé devant Bonaparte, et que celui-ci eût incliné à l'indulgence, l'ordre, par une déplorable fatalité, serait alors arrivé trop tard, car le sacrifice sanglant fut consommé dans la nuit du 20 au 21 mars. Dans un excès de zèle, le général Savary avait fait fusiller le prince, afin, dit-il, d'éviter au premier consul la peine d'ordonner cette mort.

Georges Cadoudal, arrêté le 29 mars, place de l'Odéon, ayant été, ainsi que Pichegru, Moreau et leurs complices, traduit devant le tribunal criminel de Paris, Pichegru fut trouvé étranglé dans sa prison; Georges, Armand de Polignac et dix-huit autres accusés furent condamnés à la peine capitale ; quelques acquittements eurent lieu, 10 juin; Moreau, dont la non condamnation à mort mécontenta vivement Bonaparte, fut conduit à Bordeaux pour être de là transféré aux Etats-Unis. Armand de Polignac, ayant eu sa peine commuée, fut, comme son frère, enfermé dans une forteresse, puis dans une maison de santé, d'où tous deux s'échappèrent pendant la campagne de 1814.

La nation détourna les yeux de ces drames effrayants. Les esprits étaient découragés, et beaucoup disposés à un changement, qui, en groupant les intérêts autour du pouvoir, lui donnerait une fixité qui manquait à une simple dictature consulaire, et calmerait peut-être les agitations. Les grands corps d'Etat s'étaient chargés, avec la servilité craintive qui caractérise les passions ambitieuses, d'incarner la force révolutionnaire dans la dignité impériale ; et dès le 2 mai, le Tribunat s'était hâté d'en prendre l'initiative, en émettant le vœu que le gouvernement de la République fût confié à un empereur héréditaire. Le Corps législatif avait répété ce vœu, et le Sénat avait déclaré Napoléon Bonaparte empereur des Français, par un sénatus-consulte, qui, en réalité, fut une constitution nouvelle, 28 floréal an XII, 18 mai 1804.

A défaut d'héritiers directs, deux des frères de Napoléon, Joseph et Louis Bonaparte, seraient appelés à recueillir sa succession. Le pouvoir impérial était entouré des institutions monarchiques. Il était créé des grands officiers de l'Empire, et, parmi eux, des maréchaux, dignité populaire à laquelle furent élevés Berthier, Murat, Moncey, Jourdan, Masséna,

Augereau, Bernadotte, Soult, Brune, Lannes, Mortier, Ney, Davout, Bessières, Kellermann, Lefebvre, Pérignon et Serurier.

Après le premier représentant de la nation, qui était l'Empereur, la seconde autorité était le Sénat, la troisième le Conseil d'État qui partageait avec le Sénat le pouvoir législatif. Le Corps législatif n'avait que le quatrième rang, et ne fut plus qu'une assemblée consultative, de même que le Tribunat, dont l'existence d'ailleurs allait bientôt cesser.

Pour être acceptée, la fondation du régime impérial excita toutefois encore plus d'étonnement que d'enthousiasme. Puis, pour les hommes de 89 c'était le retour de l'ancien régime. Pour les partisans de l'ancien régime c'était toujours l'état révolutionnaire, mis cette fois au profit d'une grande ambition qui allait bouleverser le monde, et essayer d'y établir un nouvel ordre de choses.

Le chef des Bourbons, retiré à Varsovie, protesta contre la dignité de Bonaparte. La plupart des souverains saluèrent l'étrange majesté qui entrait dans leur famille ; cependant la Russie, la Suède et l'Angleterre s'abstinrent. La première de ces puissances était irritée du meurtre du duc d'Enghien. Toutes trois voulaient en finir avec un peuple qui n'avait pas changé d'esprit, parce qu'il avait changé de costume ; et, devant les tendances de l'Angleterre, qui ne présageaient rien de bon pour le maintien de la paix, des apprêts menaçants s'organisèrent sur les côtes de la Manche. Le 9 août, l'Empereur visita Boulogne, choisi comme centre des dispositions militaires, et y fit, en grande solennité, la première distribution de croix de la Légion d'honneur.

Pendant cette cérémonie, il fut assis sur le fauteuil que la tradition disait avoir été fabriqué par saint Éloi vers l'an 600, et qui avait été apporté de Paris pour la circonstance.

L'inquiétude de l'Europe s'accentua. Des discours belliqueux avaient été tenus à Paris, et déjà, le 10 juillet, un article du *Moniteur*, dont voici quelques passages, avait jugé à propos d'y répondre :

« De tout temps, la capitale a été le pays des *on dit*. — On dit que l'Empereur va réunir la République italienne, la République ligurienne, la République de Lucques, le royaume d'Étrurie, les États du Saint-Père... que le Pape abdiquera, et que le cardinal Fesch ou le cardinal Ruffo occupera le trône pontifical.

« Nous avons dit et nous répétons que si la France devait influer sur des changements relatifs au Souverain-Pontife, ce serait plutôt pour influer d'autant sur le bonheur du Saint-

Père, et pour accroltre la considération du Saint-Siège et ses domaines, au lieu de les diminuer.

« La France ne passera jamais le Rhin, et ses armées ne le franchiront plus, à moins qu'il ne faille garantir l'Empire germanique et ses princes.

« L'Empereur des Français ne veut la guerre avec qui que ce soit, il ne la redoute avec personne. Il ne se mêle pas des affaires de ses voisins, et il a droit à une conduite réciproque. Une longue paix est le désir qu'il a constamment manifesté. »

Pour assurer à ces paroles une sorte d'autorité, et remettre à plus tard ce qui pourrait leur infliger un démenti, l'empereur voulut faire légitimer son pouvoir en lui garantissant la sanction divine. Sur 3,574.898 votants pour ou contre l'établissement de l'Empire, il n'y avait eu que 2,569 opposants. Le nouveau Charlemagne obtint que le Pape Pie VII consentit à venir en France pour lui donner l'onction sainte. Après trois jours de repos à Fontainebleau, le Souverain-Pontife prit, le 28 novembre, la route de Paris, où il fut logé aux Tuileries, dans le pavillon de Flore.

Lorsque, le 9 mars 1796, Bonaparte avait épousé la veuve du général de Beauharnais, — laquelle n'avait dû qu'au 24 Thermidor de sortir de la prison où elle avait été jetée en 1794, alors que le général, accusé par Fouquier-Tinville, d'avoir livré Mayence à l'ennemi, avait porté sa tête sur l'échafaud, — son union, par le malheur des temps, avait été uniquement civile. Je note incidemment que, cédant à un sentiment de coquetterie, et au désir de rendre moins sensible l'antériorité de sa naissance par rapport à celle de son nouveau conjoint, Joséphine, née en 1763, et qui, par conséquent, avait trente-trois ans, s'était rajeunie de quatre ans dans l'acte de mariage, tandis que Bonaparte, né le 15 août 1769, et alors âgé seulement de vingt-sept ans, s'y était laissé vieillir d'un an.

La consécration religieuse eût été vainement réclamée pour une femme qui, aux yeux de l'Eglise, n'était pas épouse légitime Napoléon le comprit, et, la veille du jour fixé pour son couronnement, il fut, vers quatre heures d'après-midi, secrètement et régulièrement uni avec la future impératrice, dans la chapelle des Tuileries, par le cardinal Fesch, qui avait, à cette fin, reçu tous les pouvoirs de Pie VII.

Le lendemain dimanche, 2 décembre, par un temps froid, mais qui, pluvieux d'abord, se rasséréna tout-à-coup, le sacre et le couronnement furent célébrés par le Pape, dans la Cathédrale, au milieu d'une pompe et d'une magnificence qui dépassaient toutes les habitudes modernes. Au moment où Pie VII allait prendre la couronne, dite de Charlemagne, sur l'autel,

2

Napoléon la saisit, et se la mit sur la tête. A ce moment, une pierre, de la grosseur d'une noisette, tomba de la voûte, directement sur l'épaule de l'Empereur, glissa sur le camail de sa dalmatique, et roula sur les marches de l'autel, où elle fut ramassée par un prêtre italien.

Ce petit incident, qui passa inaperçu pour beaucoup de personnes, eut pour témoin la duchesse d'Abrantès, qui le raconte dans ses *Mémoires*.

1805

Si brillantes qu'aient été les fêtes du sacre, elles ajournaient mais ne modifiaient pas les projets de l'Empereur en ce qui concernait l'Angleterre.

Avant de rien commencer, il renouvela la démarche qu'il avait faite étant consul, et adressa au roi Georges III une lettre par laquelle il lui proposait la paix, 2 janvier. Le cabinet britannique répondit par un refus, et adressa à la Russie la note suivante qui allait devenir la base d'une nouvelle coalition : « Il faut faire rentrer la France dans ses anciennes limites. Ce but doit être atteint sans modification ni restriction ; rien de moins ne saurait satisfaire nos vues. »

Il ne resta d'espoir à Napoléon de dominer et calmer les haines de l'Angleterre que par des victoires, par un changement, favorable à ses intérêts, de constitution en Hollande, par la transformation de la République italienne en royaume, et par la réunion de Gênes à l'empire français.

Le 26 mai, il fut sacré, à Milan, roi d'Italie, et posa sur son front la couronne de fer des rois lombards. Il confia la vice-royauté au fils de l'impératrice Joséphine, Eugène de Beauharnais qui, l'année suivante, épousa la princesse Auguste de Bavière. La République ligurienne de Gênes forma trois de nos départements.

En paraissant uniquement occupé de l'Italie Napoléon détournait, de l'Océan, les regards de l'Europe, et préparait secrètement une grande expédition dont le succès pouvait lui donner l'empire du monde. Par ses ordres, trois flottes durent mettre à la voile, courir sur les Antilles, y jeter des renforts, puis revenir en Europe, pendant que les Anglais, dont cette subite sortie alarmerait les possessions, lanceraient leurs escadres de toutes parts, et rendraient forcément la Manche libre, et la route des îles Britanniques assurée.

Après de longues et stériles incursions maritimes, après l'engagement du cap Finistère, 22 juillet, où l'amiral français, Villeneuve, et l'amiral anglais, Nelson, s'attribuèrent la victoire, le plan gigantesque de Napoléon échoua devant l'hésitation des alliés sur lesquels il comptait. L'Autriche allait maintenant payer pour l'Angleterre, et attirer sur elle l'orage qui avait grondé ailleurs.

Les deux grandes puissances, alors ennemies de la France, l'Angleterre et la Russie, venaient de conclure un traité d'alliance, dont le but était de donner à la première la domination des mers, à la seconde le protectorat du continent, double combinaison qui nous eût isolés de l'Europe. Cette coalition de 1805, appelée la troisième, était appuyée ouvertement par la Suède, et secrètement par les Napolitains. L'Autriche, humiliée par le traité de Lunéville, et gagnée par les intrigues anglaises, hâta ses préparatifs d'attaque, et entra en Bavière, dès le 9 septembre.

L'Empereur, qui savait faire face aux situations les plus compliquées, et qui avait tout prévu, leva le camp de Boulogne, fit rentrer la flotte dans les ports, et, abandonnant momentanément la menace suspendue sur l'Angleterre, organisa en sept corps, sous les ordres de Bernadotte, Marmont, Davout, Soult, Lannes, Ney et Augereau, la grande armée, la plus grande qu'on eût vue depuis longtemps, et qui passa le Rhin, 24 septembre.

La cavalerie était confiée à Murat; Masséna devait agir en Lombardie.

A l'aide de mouvements rapides et multipliés, Napoléon contraignit le général autrichien Mack, à peine instruit de la présence des Français en Allemagne, à se renfermer dans Ulm, et à capituler, 20 octobre. Les opérations avaient été conduites avec tant d'habileté qu'une perte de trois mille hommes seulement de notre côté coûtait aux ennemis une armée de quatre-vingt-cinq mille hommes, et que nos soldats pouvaient s'écrier, émerveillés : « L'Empereur a battu avec nos jambes, et non avec nos baïonnettes. »

Cet immense résultat fut atténué par un désastre maritime. Villeneuve avait été envoyé dans les eaux de Naples pour seconder Masséna. Désespéré de ses insuccès précédents, il voulut, sans motif bien déterminé, livrer bataille, et attaqua Nelson, près du cap Trafalgar, à l'entrée du détroit de Gibraltar. Les vaisseaux espagnols, qui s'étaient joints aux nôtres, étaient presque tous mal armés et mal commandés. Malgré des prodiges de valeur, les flottes réunies furent complètement défaites. Sur trente-trois vaisseaux, treize seulement rentrèrent à Cadix, et Villeneuve fut fait prisonnier. De leur côté, les vainqueurs eurent seize vaisseaux ruinés, et perdirent trois mille hommes, parmi lesquels était Nelson, 20 octobre.

Entre temps, un nouvel ennemi se déclarait contre la France, et renforçait la coalition. La Prusse, mécontente que les corps de Bernadotte et de Marmont aient traversé son territoire, entama des négociations avec l'Angleterre et la Russie. Napoléon comprit qu'il fallait frapper un grand coup. Vienne, abandonnée de la Cour, lui ouvrit ses portes, 12 novembre. Après y être entré en vainqueur, et s'être installé au château royal de Schœnbrunn, il s'avança vers la Moravie.

Il s'agissait pour cela de passer le Danube sur une suite de ponts qui reliaient une grande quantité d'îles formées par le fleuve à quelque distance de Vienne. Les ponts étaient défendus par les Autrichiens, et, sur le principal d'entre eux étaient disposées des matières inflammables, auxquelles le feu serait mis dès que les Français paraîtraient. Le bruit courut qu'un armistice venait d'être conclu. Alors exploitant ce bruit, dont ils se firent affirmer la certitude, Murat et Lannes s'engagèrent sur les ponts. On hésita à tirer sur les deux maréchaux, presque seuls. Eux, font prévenir de leur présence le général d'Auersperg, auquel ils donnent l'assurance qu'il y a un traité dont la principale condition est que les ponts seront occupés par les Français. Le malheureux général, trompé par ce stratagème, emmène ses troupes et facilite ainsi le passage du Danube, passage qui, sans cela, eût peut-être été impossible.

Ayant réussi à attirer ses adversaires dans le champ de bataille qu'il avait choisi, Napoléon remporta, à Austerlitz, sur les armées autrichiennes et russes, le 2 décembre, une victoire des plus mémorables et qui fut pour l'Empire, ce que celle de Marengo avait été pour le Consulat, une véritable consolidation. Vingt mille tués ou blessés, vingt mille prisonniers, deux cent soixante-dix canons, quatre cents caissons, soixante-dix drapeaux furent les trophées de ce combat de géants, livré le jour anniversaire du couronnement, et éclairé par un soleil légendaire : « Soldats, dit Napoléon à ses troupes, je suis content de vous, vous avez couvert vos aigles d'une gloire immortelle. »

L'enthousiasme causé par le succès d'Austerlitz fut immense. Une admiration presque générale fit taire les dissentiments et les haines provoquées par l'absolutisme. Le Tribunat, où se conservait encore une ombre de liberté, proposa lui-même que l'Empereur reçut, comme au temps de l'ancienne Rome, les honneurs du triomphe, et que la ville de Paris sortit tout entière au devant de lui.

Le peintre Gérard, dans son tableau représentant la bataille d'Austerlitz, a pris pour sujet le moment où le général Rapp, blessé, offre à l'Empereur les drapeaux qui viennent d'être pris.

Le général de Marbot raconte dans ses *Mémoires*, que, après leur défaite, un grand nombre d'ennemis, les Russes principalement, cherchèrent un passage sur la glace des lacs et étangs qui les entouraient. La glace était très épaisse, et déjà cinq ou six mille hommes étaient arrivés au milieu d'un lac appelé Satschan, lorsque Napoléon, faisant venir l'artillerie de sa garde, ordonna de tirer sur les fuyards. La glace se brisa sur une infinité de points, et un énorme craquement se fit entendre. Nous vîmes alors, dit le narrateur témoin de ces événements, des milliers de Russes, ainsi que leurs nombreux chevaux, canons et chariots, s'enfoncer lentement dans le gouffre; spectacle horriblement majestueux, ajoute-t-il, que je n'oublierai jamais. La plus grande partie fut noyée.

L'idée de pointer en l'air des obusiers de façon à en faire retomber presque perpendiculairement les projectiles sur la glace, dont la rupture amena l'engloutissement d'une partie des fuyards, doit revenir au colonel d'artillerie légère, le baron Seruzier, qui l'avoue dans ses *Mémoires*.

Quelques jours après, la paix qui n'était qu'un armistice, fut conclue par le traité de Presbourg, 26 décembre. Le territoire de l'Autriche était aménagé comme une place conquise qu'on veut démanteler. Ses frontières, éloignées de l'Italie, du Rhin et de la Suisse, allaient se resserrer dans le bassin du Danube. La Prusse se voyait forcée d'accepter l'alliance française ; la coalition était dissoute. Cependant les vainqueurs de Trafalgar ne se disposaient pas pour cela à donner la main aux vainqueurs d'Austerlitz.

1806

« Il faut que j'accomplisse ma destinée, déclarait Napoléon au milieu de sa gloire ; je suis forcé de combattre et de conquérir pour conserver. » Il entreprit donc l'œuvre, à la fois monarchique et démocratique, d'étendre l'influence française au moyen d'une gigantesque combinaison des états fédératifs de l'Empire, et de mettre des membres de sa famille en possession des trônes voisins.

Afin de punir la trahison de la reine de Naples, Caroline, qui, après avoir passé avec lui un traité de neutralité, avait pris les armes à la nouvelle de la défaite de Trafalgar, et que les journaux appelaient la moderne Athalie, il fit entrer des troupes sur le territoire napolitain, reçut la soumission de ce pays, 8 février ; et bientôt, brisant la dynastie régnante, il rétablit le royaume de Naples et de Sicile en faveur de son frère Joseph, en y instituant six duchés grands fiefs de l'Empire.

Dans le but de se rendre la Hollande fidèle, et d'en confier la garde à des personnes sur l'attachement desquelles il ne pût avoir aucun doute, il l'érigea en royaume, et en donna la couronne à son frère Louis. Mais ce système, renouvelé de Louis XIV, souleva les répugnances des peuples, qui se trouvaient, ainsi, distribués comme butin à des souverains étrangers et inconnus.

Il ne s'arrêta cependant pas dans ces intronisations et gratifia de titres et de souverainetés Elisa Bacchiochi et la belle Pauline Borghèse, ses deux sœurs, Murat, son beau-frère, Berthier, Bernadotte et Talleyrand.

La principauté de Benevent, que Talleyrand reçut, pouvait rapporter 120,000 francs. Le rusé diplomate eut, en outre, 230,000 francs comme vice-grand électeur, en 1807, 40,000 comme grand chambellan, et 5,000 comme grand cordon de la Légion d'honneur, total 495,000 francs. Plus tard des dotations furent ajoutées à ce chiffre. Différents traités lui valurent des sommes importantes et des présents énormes. On estimait sa fortune personnelle à 300.000 livres de rente. Il pouvait donc, même étant marié, faire figure dans le monde et tenir un état de maison raisonnable.

De nombreuses réformes et institutions intérieures signalèrent le cours de l'année 1806. Citons :

L'autorisation donnée, dans certaines circonstances, au chef de famille de former avec ses biens la dotation d'un titre héréditaire réversible à son fils aîné et à ses descendants, 14 août ;

Des restitutions de forêts aux émigrés ;

Le rétablissement des charges d'agents de change et de courtiers de commerce ;

Le nouveau code de procédure civile, 24 avril ;

L'abolissement de la taxe somptuaire sur les chevaux, et l'augmentation des impôts sur le sel, et des droits sur le sucre ;

La réorganisation de la Banque de France, créée le 13 février 1800, à laquelle avait été donné, le 14 avril 1803, le droit d'émettre des billets au porteur, et qui devait recevoir des statuts définitifs en 1806, et être autorisée, le 16 janvier 1808, à créer des succursales dans les départements ;

Le perfectionnement de l'organisation du Conseil d'Etat ;

La création du corps des ingénieurs des ponts et chaussées, de l'Ecole militaire de Saint-Cyr, de maisons d'éducation pour les filles des sociétaires de la Légion d'honneur, des Conseils de prud'hommes pour trancher les constestations entre patrons et ouvriers ;

La réglementation de l'étiquette du palais impérial, en 810 articles que n'auraient pas désavoués les rois les plus absolus ;

Le rétablissement, 1er janvier, du calendrier grégorien, ce qui faisait disparaître l'ère républicaine, après une durée ou un semblant de durée de treize ans ; le remplacement, par la saint Napoléon, des fêtes révolutionnaires ;

La création ou la continuation des routes de la Corniche et du Mont-Cenis, l'amélioration de la navigation de dix-huit rivières ; des créations de ponts, de télégraphes, de nouveaux chemins et canaux ; l'extension, dans la Vendée, d'une ville, à laquelle Napoléon avait donné son nom, en 1804 ;

La restauration de l'église abbatiale de Saint-Denis, l'érection de chapelles sépulcrales pour les princes de la dynastie régnante, l'institution d'un chapitre de dix évêques pour prier perpétuellement dans l'asile funèbre des races royales ;

Les embellissements de Paris, qui deviendrait la merveille de l'Europe, et dont Napoléon disait qu'il voulait faire quelque chose de fabuleux, de colossal, d'inconnu jusque-là ;

Les projets d'achèvement de Sainte-Geneviève et de la colonnade du Louvre, d'érection de la colonne de la place Vendôme, en souvenir des exploits de 1805, de l'Arc de Triomphe du Carrousel, de l'Arc de l'Etoile, d'ouverture de la rue de Rivoli, de fondation de nouveaux quais, de construction d'un pont qui s'appellerait pont d'Iéna devant le Champ de Mars, du pont d'Austerlitz devant le Jardin des Plantes, jardin dont les terres s'enrichiraient des dépouilles de celles de Schœnbrunn.

Quel esprit conçut jamais plus de projets et put jamais en réaliser un plus grand nombre en moins de temps que ne le fît l'Empereur ?

Absolu en tout, Napoléon, qui rapportait tout à sa personne, et puisait son principe en lui-même, avait cependant appelé et appela encore la religion à intervenir dans ses actes ; mais, ce fut souvent pour essayer d'en faire l'instrument de ses volontés arbitraires et de la rendre, en quelque sorte, nationale ; souvent aussi le clergé, entraîné par des dehors catholiques, se rapprocha de lui, le croyant véritablement dévoué à la cause de la foi.

Ainsi, cette année, parut un *catéchisme*, rédigé par le cardinal Caprara, à l'usage de toutes les églises de l'Empire français, et menaçant de la damnation éternelle quiconque n'aimerait point l'Empereur ou ne lui obéirait pas. M⁽ᵐᵉ⁾ do Rémusat cite textuellement cette phrase, dans le premier volume de ses *Mémoires*, pages 217 et 218.

D'après l'auteur des mêmes *Mémoires*, lorsque l'Empereur exigea la levée des conscrits, de 1808, il ordonna, selon sa coutume, aux évêques d'exhorter les paysans à se soumettre à la conscription. Plusieurs évêques répondirent à son appel par des mandements très empressés. On lisait, dans celui de l'évêque de Quimper, les mots suivants :

« Quel est le cœur français qui ne bénisse avec transport la divine Providence d'avoir donné pour empereur et roi à ce magnifique Empire, prêt à s'ensevelir pour toujours sous des ruines ensanglantées, le seul homme qui pût en réparer les malheurs et voiler de sa gloire les époques qui l'avaient déshonoré ? »

L'année, loin de finir au milieu de la paix, ainsi qu'on pouvait l'espérer, se continua malheureusement au milieu de la guerre. Une nouvelle coalition, la quatrième, commençait en en effet à se former, et, cette fois, ce ne fut pas Vienne, mais Berlin, qui en fut l'instrument et la victime.

Depuis plusieurs années, la France recherchait l'alliance prussienne. Grâce à cette alliance, la guerre semblait devoir être impossible, l'Autriche et la Russie ne pouvant plus dès lors nous attaquer. Pour arriver à cette fin, l'Empereur eût été jusqu'à abandonner son système fédératif, dont il comprenait d'ailleurs tout le danger. Il s'était même engagé, le cas échéant, à ne jamais accroître l'empire français ni le royaume d'Italie. Mais, à ses avances, la Prusse ne répondit que par la haine. Ne pouvant donc créer, en Allemagne, la barrière sur laquelle il comptait, il résolut de la chercher dans le rétablissement de la ligue du Rhin, que Mazarin concevait dès 1658. Des négociations s'entamèrent à ce sujet, et un traité fut signé, 12 juillet, par lequel les princes, voisins de la France, du côté de l'Est, s'unissaient à elle par un lien qui les affranchirait des vengeances de l'Autriche, et les séparerait à perpétuité de l'empire germanique. Les intérêts de cette confédération seraient réglés par une diète tenue à Francfort.

François II fut stupéfait, mais se décida à se dépouiller de ce qui n'était qu'une vaine dignité, 6 août. Il renonça au titre d'empereur d'Allemagne et de roi des Romains et commença, sous le nom de François Iᵉʳ, la série des empereurs d'Autriche. L'empire créé par Charlemagne cessait d'exister.

La Prusse avait travaillé à la destruction de cet empire, mais elle ne pouvait cependant accepter la formation d'une confédération qui se proposait de faire une Allemagne sans elle, et même

contre elle. Elle souleva l'orgueil germanique devant la domination de la France. L'ardeur passionnée de la jeune reine,
Louise de Mecklembourg-Strelitz, qui, adorée des troupes,
passait des revues à cheval, et vêtue de l'uniforme des dragons,
et courait les casernes, excita les esprits. La noblesse et l'armée,
remplies des souvenirs de Frédéric II, demandaient la guerre.
Le roi, entraîné par les clameurs des vieux généraux de la
guerre de Sept Ans, céda, quoique à regret, à l'entraînement
national, 15 septembre.

Napoléon n'attendit pas la réunion des forces des coalisés.
Il prévint ses ennemis.

L'armée prussienne, divisée en deux corps, commandés par
le duc de Brunswick et par le prince de Hohenlohe, fut attaquée par la grande armée, et ne put tenir devant l'intrépidité
française. En une seule journée, 14 octobre, l'Empereur écrase,
dans les plaines d'Iéna en Saxe, le corps du prince de Hohenlohe,
pendant que Davout, avec vingt-six mille hommes, soutient,
à Awerstœdt, un combat terrible contre les soixante mille
soldats du duc de Brunswick. Vingt-cinq mille tués ou blessés,
quarante mille prisonniers, trois cents canons, soixante drapeaux, furent les résultats d'une double victoire où les Français eurent douze mille hommes tués ou blessés, dont un tiers
appartenait à la glorieuse division Gudin

Le duc de Brunswick, blessé, mourut bientôt après.

Le général de Marbot publie dans ses *Mémoires* un détail,
inédit avant lui, qui prouve combien Napoléon savait, au moment de sa fortune, tirer parti des moindres circonstances.

Avant la bataille d'Iéna, l'Empereur, avec sa garde et des
troupes du maréchal Lannes, était entré, sans coup férir, dans
la ville, qui fut en partie incendiée par l'imprudence des Prussiens. Les abords d'Iéna étaient très escarpés, et il n'y avait,
pour en sortir, qu'une route longue et difficile, gardée par les
troupes saxonnes alliées des Prussiens. L'armée prussienne
était à une portée de canon. Il n'était pas possible de tourner
l'ennemi, et il fallait s'attendre à éprouver de grandes pertes
en l'attaquant en face, de vive force.

Mais les Prussiens étaient détestés en Saxe; et un prêtre
d'Iéna, surexcité d'ailleurs par l'incendie qui en ce moment
dévorait sa ville, se fit un devoir d'aider Napoléon à chasser
ceux qu'il considérait comme des ennemis. Dans ce but, il lui
indiqua un étroit passage, par lequel des fantassins pouvaient
gravir la pente escarpée d'une hauteur dominant Iéna, et que,
par une négligence difficile à comprendre, les Prussiens avaient
omis de garder, le jugeant impraticable. Entre le haut du
passage et la plaine qu'occupait l'ennemi, s'étendait un petit

plateau où l'Empereur réunit des troupes qui débouchèrent de là, comme d'une citadelle, pour attaquer les Prussiens.

L'Empereur ne laissa pas aux vaincus le temps de se remettre. Pendant que ses maréchaux se jettent à la poursuite des fuyards, lui-même marche sur Berlin, où il entre peu de jours après, 25 octobre, et d'où il dicte le bulletin de son triomphe et de son programme révolutionnaire :

« Je rendrai cette noblesse si petite, dit-il, en parlant de la noblesse prussienne, qu'elle sera obligée de mendier son pain. »

Le général de Marbot, tome Ier, page 310, raconte, au sujet de la confiscation des états de l'électeur de Hesse-Cassel, confiscation qui fut la suite et la conséquence de la victoire remportée sur les Prussiens, une anecdote curieuse en ce qu'elle fixe le point de départ d'une éminente position financière universellement connue.

Obligé de quitter Cassel à la hâte pour se réfugier en Angleterre, l'électeur, qui passait pour le plus riche capitaliste de l'Europe, confia quinze millions à un banquier juif de Francfort, nommé Rothschild, qui ne devait être tenu à rendre, en temps opportun, que le capital de cette somme sans aucun intérêt.

Lorsque les agents français voulurent savoir ce qu'était devenu le trésor de Cassel, menaces, intimidations, promesses furent inutilement mises en œuvre par eux vis-à-vis de l'homme que l'on supposait, avec raison, en avoir reçu le dépôt. Rien ne put lui arracher ni un aveu ni une concession, et, de guerre lasse, on le laissa tranquille. Les quinze millions restèrent donc entre ses mains jusqu'à la chute de l'Empire, et l'on peut se figurer ce que, à cette époque, pendant un intervalle de huit années, avait dû produire un pareil capital habilement administré.

La conquête de la Prusse terminée, Napoléon allait se trouver en présence de cent mille Russes qui arrivaient sur la Vistule. Il avait en outre à chercher la solution de la liberté des mers, où, depuis Trafalgar, l'Angleterre exerçait une autorité arbitraire, interdisait tout commerce avec les colonies françaises, et avait déclaré fermés tous les ports situés entre Brest et Hambourg, 16 mai.

Le 21 novembre, opposant à l'ennemi les armes dont celui-ci se servait, il déclara que jusqu'à ce que l'Angleterre eût renoncé au droit tyrannique qu'elle s'était donné, les Iles Britanniques seraient en état de blocus, et tout commerce ou correspondance interdit avec elles. Tout sujet anglais, trouvé dans les pays occupés par les troupes françaises, ou par les troupes des alliés de la France, serait prisonnier de guerre. Toute marchandise, appartenant à un sujet anglais, ou provenant des fabriques anglaises, serait de bonne prise. Aucun bâtiment anglais, ou sorti des possessions anglaises, ne pourrait être reçu dans les ports de la France ou de ses alliés.

Ce blocus continental, contraire aux principes de la morale sociale, ne trouvait d'excuse que dans les rigueurs d'une stricte représaille, et dans l'espoir chimérique qu'une pareille mesure pourrait décider la paix.

Mais la paix n'était pas imminente.

La Russie se trouvait alors menacée sur ses deux flancs. D'un côté, la Turquie manifestait, depuis la bataille d'Austerlitz, des tendances à se séparer du protectorat qui pesait sur elle ; et, à l'instigation du général Sébastiani, envoyé à Constantinople par Napoléon, le sultan Sélim entreprenait de faire rentrer sous son obéissance la Valachie et la Moldavie, devenues provinces russes. De l'autre côté, la Pologne prussienne, envahie par les Français, accueillait ceux-ci comme des libérateurs, et tressaillait à la pensée de reprendre, grâce à eux, son rang de nation indépendante.

Ce fut dans ces conditions, désastreuses pour elle, que l'armée russe vit les Français s'établir à Varsovie, 28 novembre, et accepta une série de combats isolés où elle fit une résistance énergique, surtout à Pultusk, 26 décembre, mais que la mauvaise saison interrompit momentanément.

1807

Exaltés par les ukases du czar les appelant à vaincre « les athées qui s'élèvent contre Dieu et la patrie », commandés par Benigsen, général audacieux jusqu'à la témérité, les Russes ne laissèrent pas les Français tranquilles dans leurs quartiers d'hiver.

Après quelques escarmouches qui signalèrent le début de l'année 1807, un des plus sanglants combats, dont nos annales aient gardé le souvenir, s'engagea, le 8 février, sous les murs de la ville d'Eylau. Le climat était rigoureux, une neige épaisse aveuglait les combattants. On n'avait plus affaire seulement aux Prussiens et aux Autrichiens. Les Russes — que l'on allait connaître — immobiles comme des bastions en face du feu de l'artillerie, et fiers de mourir pour ce qu'ils croyaient être leur foi, se laissaient hacher plutôt que de se rendre. Ils ne se

retirèrent qu'après avoir perdu trente mille hommes morts ou
blessés, quarante canons et seize drapeaux. Encore leur défaite
n'était-elle rien moins que certaine et la campagne décisive.
Dans une relation, publiée par eux, ils s'attribuèrent la victoire.

Un beau tableau de Gros, avec la tête idéalisée de Napoléon,
représente cette scène affreuse de carnage, après laquelle, dit
le général de Saint-Chamans dans ses *Mémoires*, on entendit
pour la première fois l'armée crier sur le passage de Napoléon :
« Vive la paix ! »

Quelques mois s'écoulèrent que Napoléon occupa à recruter
son armée, à organiser le pays conquis, à diriger, à cinq cents
lieues de Paris, l'état intérieur de la France. Quelque sévère
que puisse être le jugement de l'histoire en ce qui concerne cet
homme extraordinaire, il est impossible de méconnaître
l'étendue, la variété et la persévérance de travail auxquelles,
plus que pas un au monde, son génie savait suffire.

La prise de Dantzig, 24 mai, qui fit duc le maréchal Lefebvre,
laissa l'Empereur libre de faire agir toutes ses forces et de
frapper un de ses plus terribles coups. Prévenu par les Russes,
qui attaquèrent brusquement les cantonnements du maréchal
Ney, il ne tarda pas à reprendre l'offensive, obligea les ennemis
à quitter le camp retranché d'Heilsberg pour couvrir Kœnigs-
berg, dernière ville qui appartint au roi de Prusse, et les sur-
prit au moment où ils traversaient la rivière l'Alle, sur les
ponts de la ville de Friedland.

C'était le 14 juin, glorieux anniversaire de la bataille de
Marengo. Les ponts furent enlevés, sous une pluie de fer et de
feu, et détruits. Tout ce qui avait passé fut mitraillé ou précipité dans les flots. Les Russes avaient perdu trente mille
hommes, tués, blessés ou prisonniers, et presque tous leurs
canons et leurs bagages ; nous avions eu quinze cents morts et
quatre mille blessés. La bataille avait duré de trois heures du
matin à dix heures du soir.

Alors la Russie comprit la nécessité de la paix, et un armistice fut conclu dans une entrevue qui eut lieu entre les deux
empereurs, sur un radeau construit au milieu du Niemen,
25 juin : « Je hais les Anglais, dit Alexandre en embrassant
Napoléon, autant que vous les haïssez ». — « En ce cas, répondit Napoléon, la paix est faite ». Les deux souverains
prirent séjour à Tilsitt, admirent à leurs conférences le roi de
Prusse, et se traitèrent pendant vingt jours, avec les marques
de la plus vive amitié.

Les principales clauses de l'accord, 7 juillet, enlevèrent à la
monarchie prussienne les provinces situées entre le Rhin et

l'Elbe, et, en outre, ses provinces polonaises. Les premières formèrent, avec la Hesse, le Brunswick et une partie du Hanovre, le royaume de Westphalie qui fut donné à Jérome Bonaparte, le plus jeune frère de Napoléon, 15 novembre. Les autres formèrent le grand duché de Varsovie, qui fut donné au roi de Saxe.

Le traité de Tilsitt, accueilli à Paris par une grande joie, portait la puissance de Napoléon à son apogée, mais contenait en germe les éléments de sa décadence. L'Empereur agrandissait le système dynastique auquel il était personnellement intéressé, mais ce système échouerait bientôt en Espagne. Il allait, grâce au blocus continental accepté par l'Europe, obliger l'Angleterre à reconnaître les pavillons de toutes les puissances ; mais il allait favoriser le czar dans le projet de démembrement de la Turquie et le laisser conquérir la Finlande ; il s'était engagé à ne pas restaurer la Pologne, et, bientôt, il romprait avec le Souverain-Pontife.

Le ministère anglais, que dirigeait Canning, voulut prendre une revanche de Tilsitt. Par ses ordres, une flotte fut envoyée dans la Baltique pour imposer au Danemark une alliance offensive et défensive, et elle se présenta devant Copenhague, 8 août. Le gouvernement danois, surpris d'une pareille attaque que rien ne faisait prévoir, rejeta la sommation des Anglais de livrer ses vaisseaux. Alors, la ville fut bombardée, 7 septembre, et les Danois vaincus se rattachèrent à la France par un traité qu'ils maintinrent fidèlement.

La Russie s'indigna de l'acte de violence dont le Danemark venait d'être l'objet, et fit exécuter, avec la plus grande rigueur, les décrets du système continental. La Prusse et l'Autriche suivirent son exemple.

La cour d'Espagne, sollicitée par l'Angleterre, et alarmée de la déchéance des Bourbons de Naples, s'était secrètement liée à la coalition, et avait, dès l'année précédente, excité un soulèvement en masse contre la France. C'était une rupture complète avec les traditions qui avaient survécu à la disparition de notre monarchie héréditaire.

Conformément aux conventions de Tilsitt, l'empereur Napoléon somma le prince régent de Portugal, vassal du cabinet de Londres, d'adhérer au système continental ; mais sa tentative ayant échoué, il engagea l'Espagne dans une entreprise inique contre la maison de Bragance, et lui fit accepter un traité par lequel 25,000 Français, assistés de 24,000 Espagnols, opéreraient la conquête et décideraient le partage du Portugal, 27 octobre. En exécution de ce plan, Junot s'avança avec une telle rapidité, qu'il arriva près de Lisbonne avant

que l'on y fût instruit de sa marche. Tout se soumit sans
résistance, tant le nom de Napoléon et la renommée de ses
troupes inspiraient de terreur. Un décret impérial, 18 novembre, déclara que la maison de Bragance avait cessé de
régner en Europe ; et l'ancien roi de Portugal, Jean VI, dut se
réfugier au Brésil.

En même temps qu'il continuait à bouleverser le monde,
l'Empereur ne perdait pas de vue l'organisation intérieure du
pays. Le 18 septembre, il supprima totalement le Tribunat,
comme n'offrant plus qu'une pièce inutile dans l'édifice public,
et il le remplaça, pour la discussion des lois, par trois com-
missions du Corps législatif.

La suppression du Tribunat fut un moyen que Napoléon
employa pour consolider son absolutisme jusque dans les
moindres apparences. En la réalisant, il laissa échapper ces
paroles : « Voilà ma dernière rupture avec la République ».
C'est qu'en effet, là comme ailleurs, son ambition personnelle
fut la seule règle de sa conduite. Ce fut pour la satisfaire qu'il
chercha à flatter tous les partis, sauf à les détruire tous, sans
jamais en servir aucun : « La révolution française, disait-il
aux républicains, n'a rien à craindre, puisque c'est un soldat
qui occupe le trône des Bourbons ». En même temps, il se
présentait aux rois comme le protecteur des trônes, puisqu'il
avait détruit les Républiques. Ce fut dans le même but qu'il
préféra presque toujours la guerre à la paix. Il avait besoin,
pour se maintenir, et pour accroître son autorité, de laisser le
pays dans une perpétuelle agitation et sous l'imminence d'un
perpétuel succès.

1808

Par une dérogation flagrante au principe d'égalité qu'il
représentait, et qui était le point de départ de la révolution,
Napoléon rétablit les titres féodaux.

Un décret du 1er mars organisa une nouvelle noblesse, dans
laquelle les grands dignitaires de l'Empire eurent le titre de
princes ; les ministres, sénateurs, conseillers d'Etat, présidents
du Corps législatif, archevêques, celui de comtes ; les présidents des collèges électoraux, des Cours de cassation, des
comptes, d'appel, les évêques et certains maires, celui de
barons ; les membres de la Légion d'honneur, celui de cheva-
liers. Non seulement les maréchaux étaient décorés des noms

glorieux de leurs victoires, mais les jacobins furent affublés des titres et des distinctions qu'ils avaient tant de fois foulés aux pieds, et sous lesquels on ne les reconnaissait plus.

Comme toujours, l'auteur du 18 brumaire transigeait avec les ennemis de la révolution, et voulait réconcilier la France ancienne avec la France nouvelle ; mais il ne réussissait, en définitive, qu'à former une aristocratie bâtarde, prête à subir tous les régimes pour conserver tous les honneurs : « Malgré tout, disait le ministre autrichien, Stadion, le gouvernement français n'en est pas moins en opposition avec tous les anciens gouvernements. »

La plupart des institutions de cette époque s'entachèrent d'une nuance despotique et anti-libérale, que l'on retrouve, le 17 mars, dans l'organisation définitive de l'Université, où la liberté de l'enseignement fut entièrement détruite. On ne dut plus rien attendre que de la fidélité à la monarchie impériale, et à la dynastie napoléonienne. Cependant, sauf les étrangers et les hommes qui savaient encore se souvenir, chacun se passionnait pour l'éclat de Tilsitt, et pour l'homme qui voulait faire de Paris la capitale de l'Europe.

L'accord entre le Pape et l'Empereur n'avait pas été de longue durée. Pie VII regrettait les articles organiques ajoutés au Concordat, et qui l'avaient fait accuser de jacobinisme. Napoléon ne lui avait pas rendu les légations enlevées précédemment. La querelle éclata de nouveau, et devint très ardente, à la suite de l'occupation d'Ancône, effectuée par nos troupes et qui était un attentat à l'indépendance de l'Eglise, à la suite aussi de certaines conditions signifiées par l'Empereur au Pape, sous forme d'ultimatum, et parmi lesquelles Pie VII n'accepta que celle qui consistait à fermer ses ports aux Anglais.

Il y aurait eu sagesse à ne pas s'engager dans des difficultés spirituelles, et à ménager le pontife qui l'avait sacré. Mais Napoléon ne mettait jamais de frein à sa violence. Il fit occuper Rome, 2 février, déclara les trois provinces d'Urbin, d'Ancône et de Camerino réunies au royaume d'Italie, incorpora les troupes pontificales dans l'armée française, désorganisa le gouvernement romain et relégua les cardinaux dans leurs diocèses respectifs.

Tout cela, même humainement, était petit, maladroit et mesquin. Le Pape se considéra comme prisonnier ; et l'opinion publique se prononça pour ce faible vieillard, qui répondait à plus fort que lui par une résignation chrétienne, et une énergie que rien n'était capable d'abattre.

De ce moment, Napoléon pouvait dater le début de sa déchéance morale.

L'expédition du Portugal n'avait été, l'année précédente, qu'un acheminement vers celle de l'Espagne, où l'Empereur voulait, comme il l'avait fait ailleurs, établir une royauté vassale. A ce moment, la cour d'Espagne était agitée par de scandaleuses discussions de famille. Charles IV, descendant dégénéré de Louis XIV, obéissait aveuglément aux caprices de la reine, qui subissait elle-même l'influence dominatrice d'un favori, le ministre Godoï, décoré du titre de prince de la paix, à la suite du traité, peu honorable pour lui, qu'il avait conclu avec la France en 1795.

Ferdinand, fils aîné de Charles IV, avait formé le projet de renverser Godoï, et de s'emparer du gouvernement, et, grâce à une sédition populaire, il s'était fait proclamer roi, sous le nom de Ferdinand VII. Le faible et incapable Charles IV, forcé d'abdiquer en faveur du rebelle, avait couru à Bayonne pour solliciter l'Empereur de l'aider à révoquer la loi qui appelait Ferdinand au trône. Celui-ci, de son côté, avait réclamé par écrit la protection du même souverain. Etabli arbitre, entre le père et le fils, Napoléon résolut de faire profiter leurs querelles réciproques à l'exécution de ses desseins personnels, de les attirer dans un piège et de les dépouiller ensuite, l'un et l'autre.

« Le bon résultat et la nécessité justifient les moyens », osat-il dire en cette circonstance, avec une facilité manifeste, que ses partisans eux-mêmes n'essayèrent jamais d'excuser, et que, au jugement de Marbot, la Providence ne tarda pas à punir.

Ce fut, en effet, la guerre d'Espagne qui prépara et amena sa chute.

Des troupes considérables, dont l'avant-garde avait déjà franchi les monts au mois de novembre précédent, envahirent les contrées espagnoles en janvier et février. Joachim Murat fut nommé leur général en chef, et, le 1er mars, Napoléon déclarait à la cour de Madrid que l'état de l'Europe exigeait la réunion à l'Empire français des provinces situées entre les Pyrénées et l'Elbe, et qu'il lui offrait le Portugal en compensation.

Semblable proposition fut le signal d'une longue série de soulèvements, d'intrigues et d'efforts, qui aboutirent au départ de la maison de Bourbon. Après avoir été, pendant quelque temps, bercés d'espoirs chimériques et de négociations illusoires, Charles IV et Ferdinand furent en définitive retenus prisonniers et contraints de recevoir en France une retraite opulente, qui déguisait à peine une réelle captivité.

Le 6 juin, le trône d'Espagne fut occupé par Joseph Bona-

parte, dont la paisible couronne de Naples passa sur la tête de
Murat. Mais le sentiment national se souleva contre cette souveraineté étrangère. Ce ne fut qu'après une victoire disputée
avec acharnement, 14 juillet, que Joseph put entrer dans
Madrid et s'y faire proclamer. Alors, le mouvement insurrec-
tionnel se propage ; partout, se forment de petites armées,
qui, quoique sans ensemble, sans plan général, tiennent le
pays en émoi, égorgent nos soldats isolés, arrêtent nos convois,
et se livrent à tous les actes d'une résistance presque sauvage.

Malgré le courage de Lefebvre-Desnouettes, de Murat et de
Moncey, la fortune impériale va donc bientôt subir un premier
revers. Le 20 juillet, le général Dupont est forcé de signer la
déplorable capitulation de Baylen, qui envoie 18,000 Français
mourir de douleur et de misère sur les pontons de Cadix ou
sur le rocher de Capréra. Joseph quitte sa capitale, 1er août.

En Portugal, Junot, pressé par les Anglais, que conduit le
futur duc de Wellington, capitule à son tour, mais à la condition de rentrer en France avec les honneurs de la guerre,
20 août. Bientôt, les Français n'occupèrent plus en Espagne
que les contrées comprises entre l'Ebre et les Pyrénées.

Tandis que de nouvelles conscriptions remplissaient les
cadres de nos armées, l'empereur Napoléon rejoignait l'empereur de Russie à Erfurth, pour régler avec lui les destinées de
l'Europe, 12 octobre. Les deux souverains prendraient l'engagement réciproque de ne point s'inquiéter dans leurs projets
d'extension, l'un en Espagne, l'autre en Turquie. Sans préoc-
cupation du côté du Nord, Napoléon pourrait alors reporter
son attention et ses forces vers le Midi, où sa présence devenait de plus en plus nécessaire.

Pendant dix-huit jours, Erfurth fut le rendez-vous d'une
véritable cour de princes, de ducs et de rois. Pour donner à
la célèbre entrevue tout l'éclat possible, Napoléon avait fait
apporter de France les plus riches objets du mobilier de la
couronne, et ordonné aux meilleurs acteurs français de
venir représenter les chefs-d'œuvre de notre littérature. Souverains, savants, illustrations de tout genre assistaient en si
grand nombre aux fêtes qui furent données en cette circonstance, que Talma put dire un jour : « Nous avons joué
devant un parterre de rois, »

En entendant ce vers :

« L'amitié d'un grand homme est un bienfait des dieux, »

Alexandre serra la main de Napoléon, s'inclina, et dit : « Je
ne l'ai jamais mieux senti. »

La grande armée évacua l'Allemagne. Il n'y resta que cinquante mille hommes, commandés par Davout, pour garder les places de l'Oder, les villes anséatiques, Magdebourg et le Hanovre; et vingt-quatre mille hommes, commandés par Oudinot, furent postés à Francfort. Les autres corps se dirigèrent sur les Pyrénées. L'Empereur obtint du Sénat, toujours obéissant, quatre-vingt mille hommes de la classe de 1810, et autant sur les classes antérieures, puis il partit pour l'Espagne.

Son arrivée, à la tête de troupes réputées invincibles, changea immédiatement la face des affaires. Partout, notamment à Burgos, 10 novembre, les ennemis furent successivement battus par Marmont, Lefebvre, Soult, Ney et Victor. Madrid ouvrit ses portes après deux jours de combats et de pourparlers. La Catalogne se soumit à Gouvion-Saint-Cyr, 16 décembre.

La jeune gloire militaire de Napoléon était apte à se mesurer avec les plus anciennes puissances.

1809

L'armée anglaise, poussée l'épée dans les reins, dut s'estimer heureuse de profiter de la nuit du 10 janvier pour s'embarquer à La Corogne. En même temps, Joseph rentrait dans sa capitale, 13 janvier; et Lannes, ayant pris le commandement des corps de Mortier et de Moncey, investissait Saragosse, où s'était enfermée une foule de défenseurs hétérogènes, animée d'un dévouement héroïque dont l'histoire offre peu d'exemples.

Malgré la famine, l'épidémie, le bombardment et la présence de trente-deux mille assaillants, toutes les sommations furent repoussées. La ville fut cependant emportée d'assaut; mais les vainqueurs trouvèrent les maisons et les rues barricadées, et, pendant vingt-quatre jours, il leur fallut disputer pied à pied chaque étage, chaque chambre, chaque pierre. Ils ne possédaient encore réellement que le quart de leur conquête, lorsque les habitants, épuisés par un siège de deux mois, capitulèrent à discrétion, 21 février.

Les armes françaises étaient donc victorieuses dans toute la péninsule; l'Angleterre, privée de son champ de bataille et de son dernier marché; et le système continental réalisé partout. Si Napoléon fût resté encore deux mois en Espagne, sa force et son génie eussent triomphé des difficultés suprêmes.

Toutefois, l'opinion publique en France n'était rien moins

que satisfaite. Elle avait vu dans la guerre d'Espagne moins une attaque nécessaire contre l'Angleterre, qu'une œuvre d'ambition. Toutes les mères avaient, de plus en plus, horreur de la conscription qui entamait incessamment les classes futures, sans libérer les classes antérieures. La gendarmerie n'était occupée qu'à poursuivre les réfractaires. En vain, les fonctionnaires s'efforçaient-ils de ranimer l'enthousiasme, et d'exhorter les jeunes soldats à se mettre à la hauteur des grandes destinées qui les attendaient, on se demandait avec anxiété quand tout cela finirait.

Les révolutionnaires avaient compté sur Napoléon pour imposer à l'Europe les idées modernes ; et l'Europe, cent fois vaincue, restait toujours debout pour combattre ces idées. Nos victoires n'avaient rien décidé. La paix n'était pas plus possible sous l'Empire qu'elle ne l'avait été sous la République. La fermentation était générale, et la réaction contre l'état de choses actuel s'accentuait visiblement avec Fouché, qui groupait autour de lui les républicains, et avec Talleyrand qui s'entourait des partisans de l'ancien régime.

A l'étranger, l'Autriche n'avait pas cessé ses armements. L'exemple, que donnait la nation espagnole en défendant son indépendance, l'encouragea à reprendre la lutte. Elle accepta de l'Angleterre un secours de cent millions. De là, l'origine de la cinquième coalition.

L'armée autrichienne de l'archiduc Charles, qui se composait de cent soixante-quinze mille hommes, fut, par ordre de l'Empereur accouru en personne sur le théâtre de la guerre, attaquée tout-à-coup sur tous les points à la fois. En cinq jours, elle est coupée, puis battue à Eckmühl, où Davout se couvre de gloire et conquiert son titre de prince, 23 avril. Ses débris désorganisés arrivent trop tard pour défendre Vienne, qui, après un bombardement de quelques heures, capitule, 13 mai.

Pressé d'en finir, Napoléon résolut d'aller sur la rive gauche du Danube au-devant des ennemis. Il choisit, pour passer le fleuve, à deux lieues de Vienne, un point où les eaux sont divisées en plusieurs bras par la grande île de Lobau. Le passage s'effectua sur un pont de cinquante-quatre bateaux, et la bataille sanglante d'Essling, 21 et 22 mai, coûta la vie au maréchal Lannes.

En embrassant le courageux soldat expirant, l'Empereur pleura. Sans doute, il ne se souvenait pas alors de la parole que Mme de Rémusat lui attribue dans une autre circonstance : « Je ne m'amuse pas à penser aux morts ».

La sensibilité paraît, en effet, avoir été peu compatible avec le caractère de Napoléon, si l'on s'en rapporte au passage suivant extrait du second volume des *Mémoires* de Madame de Chastenay, page 165. D'après ces *Mémoires*, l'Empereur, en apprenant à quelques années de là, vers 1812, la douleur que causa à M. de Sémonville, homme d'Etat, la mort de Mᵐᵉ de Macdonald, sa fille d'adoption, aurait dit : « C'est singulier, je croyais Sémonville homme d'esprit, je le croyais homme supérieur : il est désespéré. Je viens à y penser : si l'on venait m'annoncer à moi la mort d'Hortense, fille de l'impératrice Joséphine, eh bien ! je travaillerais encore. Que de fois, j'ai vu partir, que de fois j'ai fait partir des hommes que j'envoyais au feu et qui ne pouvaient en revenir ! Je n'étais pas du tout ému. Eh bien ! ce Sémonville, il est désespéré !... Peut-être, je l'envie, peut-être est-il plus heureux ! Travaillons, reprit-il brusquement, travaillons, et n'en parlons plus ».

Les eaux, subitement gonflées, du Danube obligèrent les Français après un combat indécis, à se cantonner dans Lobau qui devint un immense et inattaquable camp retranché.

Les Autrichiens poussaient des cris de victoire; le cabinet prussien leva cent mille hommes ; l'Angleterre se disposa à jeter une armée dans le nord de l'Allemagne. L'Empereur, établi dans le palais impérial de Schœnbrunn, prépara une action décisive par un repos de six semaines, qui permit au prince Eugène de se joindre à lui. La glorieuse bataille de Wagram, qui toutefois fut sur le point d'être perdue, répondit, 6 juillet, comme auparavant celle d'Austerlitz, à ses hardies prévisions. Mais la perte des vainqueurs égalait presque celle des vaincus. Au lieu de ruiner entièrement l'Autriche, Napoléon dut consentir à une suspension d'armes, qui fut suivie, 14 octobre, du traité de paix de Vienne, replâtrage, sans condition de durée, qui livrait à la France les provinces Illyriennes, et enlevait à l'Autriche trois millions et demi de sujets, en lui coupant toute communication avec la mer, en la chargeant des frais de la guerre, et en l'obligeant d'adhérer au système continental.

Le général de Marbot cite, à l'occasion de la victoire de Wagram, un trait qui fait honneur à la force d'âme de Masséna. Trop grièvement blessé pour pouvoir se tenir en selle, le maréchal, malgré les vives souffrances qu'il éprouvait, avait cependant voulu conserver son commandement. Il alla sur le champ de bataille dans sa calèche découverte, ayant auprès de lui son chirurgien, le docteur Brisset. Les ennemis, en apercevant une voiture attelée de quatre chevaux blancs, comprirent qu'elle ne pouvait être occupée que par un personnage très important. Ils dirigèrent sur elle une grêle de bou lets, et le maréchal, ainsi que ceux qui l'entouraient, courut les plus grands dangers.

Pendant le cours de la campagne d'Autriche, l'Empereur ne s'était pas départi du système de violence et d'oppression auquel il avait prétendu soumettre le Souverain-Pontife. Bulles, notes et lettres se croisaient inutilement.

La situation fut tranchée, 17 mai, par un décret de réunion des Etats romains à l'Empire français. Pie VII répondit à ce décret par une bulle d'excommunication, 20 juin ; alors, 6 juillet, il fut, avec le cardinal Pacca, enlevé par le général Radet, conduit à Grenoble, puis à Savone ; et, quoique des ordres eussent été donnés de le traiter avec honneur et magnificence, le monde chrétien en fit un martyr, et se trouva blessé dans ses plus intimes et ses plus chers sentiments.

L'année se termina par un échec de l'Angleterre, obligée, 24 décembre, d'abandonner Flessingue, après en avoir pris possession.

A ce moment, l'Empire français comprenait une population de quarante millions d'habitants, autour de laquelle se groupaient les quarante millions des états fédératifs. La prodigieuse activité du chef de la nation ne se ralentissait pas. Les souffrances particulières se taisaient devant sa gloire. L'absence de liberté était compensée par la grandeur du pays.

Les plaisirs, les fêtes les plus luxueuses, les arts, les sciences allaient de front avec les affaires. Pendant que la cour de Paris était la plus magnifique de l'Europe, des monuments continuaient à s'élever de toutes parts ; les travaux d'utilité publique et d'embellissement se poursuivaient avec ardeur, et, si les lettres ne furent, à cette époque, qu'une misérable copie de la littérature du siècle de Louis XIV, les arts comptaient les noms de David, de Gros, de Gérard, de Girodet, d'Isabey ; les sciences, ceux de La Place, de Cuvier, de Berthollet, de Lacépède, de Monge, de Geoffroy-Saint-Hilaire, de Chaptal. On remplaçait le sucre de canne par le sucre de betterave ; on créait des machines à filer et tisser le coton ; on citait avec fierté des inventeurs de métier comme Jacquart, des manufacturiers comme Richard-Lenoir.

Mais l'édifice social manquait de base. La France avait bouleversé l'Europe sans acquérir un allié sérieux. Tout reposait sur la personnalité d'un homme, et cet homme n'avait ni rejeton ni espoir d'en attendre de son union avec l'impératrice Joséphine. Il lui fallait, pour consolider sa puissance, couronner l'œuvre dynastique et faire souche. De là, son désir d'arriver à la dissolution de son premier mariage, et d'en contracter un second.

Après avoir déclaré que l'influence spirituelle exercée dans ses états par un souverain étranger était contraire à l'influence de la France, il saurait bien, si le Pape ne se prêtait pas à ses vues, se passer du Pape dans ses affaires personnelles comme il l'avait fait dans sa politique. Déjà, malgré l'opposition de Pie VII à la rupture du mariage de Joseph Paterson, ce mariage avait été proclamé nul par l'officialité de Paris.

Les alliances des souverains ne sont pas toujours dictées par l'inclination. Les raisons d'Etat devaient donc être surtout prises en sérieuse considération dans le choix de la nouvelle impératrice. Pour ajouter à l'illustration de sa race, Napoléon voulut fusionner celle-ci avec une maison régnante, et il hésita, à cet effet, entre une sœur d'Alexandre et une fille de François.

Des deux côtés, le choix était mauvais, puisqu'il devait lui faire une ennemie de la puissance qu'il négligerait. Sa politique reposant sur l'amitié de la Russie, il rechercha la sœur du czar. Alexandre donna à entendre qu'il n'accorderait l'archiduchesse que si on lui garantissait à lui-même la possession de la Pologne, et demanda du temps. L'atermoiement blessa l'Empereur qui le considéra comme un refus, et se tourna avec précipitation vers l'Autriche. Ici, grand empressement à accepter ses avances, et, en quelques jours, l'accord fut conclu pendant que Joséphine, qui avait consenti au divorce, 15 décembre, se retirait, accablée de chagrin, à la Malmaison, le 16.

A cette dernière date, un sénatus-consulte prononça la dissolution du mariage civil, donnant ainsi la preuve d'une complaisance outrée. En effet, l'article 277 du Code civil stipulait que le divorce, par consentement mutuel, ne pouvait avoir lieu quand la femme avait quarante-cinq ans accomplis. Joséphine, qui réellement avait quarante-six ans sonnés, mais qui légalement, d'après l'acte de mariage de 1796, n'en avait que quarante-deux, payait cher alors la faiblesse de s'être naguère rajeunie de quatre ans. Dans le cas de divorce par consentement mutuel, les conjoints ne pouvaient pas non plus contracter un autre mariage avant que trois ans se fussent écoulés depuis le prononcé du divorce. Or, dans les trois mois seulement qui suivirent ce prononcé, Napoléon allait se marier de nouveau.

1810

Les règles du droit canonique ne furent pas moins violées dans la rupture du mariage religieux de Napoléon, que celles du droit civil ne l'avaient été dans la rupture de son mariage civil.

Les motifs, allégués pour la rupture du mariage religieux, furent que la cérémonie avait eu lieu dans la chambre de la future impératrice, sans témoins, sans le concours du curé dont relevaient régulièrement les conjoints, sans le consentement de Napoléon lui-même. Devant la difficulté, réelle ou prétendue, de recourir au chef visible de l'Eglise, dont la liberté était enchaînée à Savone, on s'adressa, pour sanctionner les motifs de rupture, à l'officialité de Paris, et celle-ci, par une soumission digne du Sénat, déclara le mariage nul, mardi 9 janvier.

Les fêtes les plus pompeuses célébrèrent, 2 avril, l'union de l'héritier de la révolution avec Marie-Louise, la descendante des maisons de Hapsbourg et de Lorraine. Mais le peuple demeura froid. La nouvelle impératrice, jeune femme de dix-neuf ans, sans grâce, sans beauté, sans esprit, resta une étrangère en France, où elle ne fit pas oublier la bonté et le dévouement de Joséphine, qui n'avait jamais été au-dessous de sa merveilleuse fortune ; et, sauf quelques anciens nobles, qui s'empressèrent autour de la nièce de Marie-Antoinette, presque personne n'approuva l'entrée de Napoléon dans la famille des rois absolus, et n'y vit autre chose que le signal des plus grands malheurs. Les aristocraties européennes s'en indignèrent, et les Bourbons, dans leur exil, se regardèrent comme perdus. Faire asseoir Marie-Louise sur le trône sanglant de sa tante, leur paraissait être la consécration des mauvais jours.

Le 22 février, l'organisation judiciaire s'accrut de la promulgation du Code pénal.

La police fut ensuite enlevée à Fouché, et donnée à Savary, personnage dévoué à l'Empereur jusqu'au fanatisme.

On crut que l'heure de la pacification générale allait enfin sonner. L'Autriche paraissait désormais acquise aux intérêts de la France. La Russie avait oublié ses ressentiments ; les bons rapports avec l'Angleterre ne devraient plus être qu'une affaire de temps.

Cependant la Hollande, transformée en royaume, et gouvernée par un homme doux et désireux de plaire à ceux qu'il dirigeait, devenait l'entrepôt des marchandises anglaises, et, contrairement au principe du système continental, favorisait la contrebande. Or, ce n'était pas pour eux-mêmes que Napoléon avait donné des trônes à ses frères, c'était pour lui : « N'oubliez jamais, disait-il un jour au fils de Louis, qu'il avait fait grand-duc de Berg, n'oubliez jamais, dans quelque position où vous placent ma politique et l'intérêt de mon empire, que vos premiers devoirs sont envers moi, vos seconds envers la France. Tous vos autres devoirs, même ceux envers les peuples que je pourrais vous confier, ne viennent qu'après ».

Irrité de la résistance de son frère, Napoléon envoya des troupes pour occuper Amsterdam, et, ne pouvant rendre la Hollande à son indépendance, sans la livrer en quelque sorte aux Anglais, il la réunit à son empire, 10 juillet, et la partagea en neuf départements.

Dans sa Westphalie, Jérôme était loin d'être heureux. Orgueilleux et prodigue, il jouait au roi, et répondait aux observations de l'Empereur par des menaces d'abdication. Aussitôt, l'Empereur reprit possession du Hanovre, et le sénatus-consulte du 13 décembre, qui confirmai: la réunion de la Hollande à la France, y ajouta, sans préambule, d'un côté celle du Valais, qui forma le département du Simplon, de l'autre celle de toutes les côtes depuis l'Ems jusqu'à l'Elbe, avec les villes anséatiques, ce qui enlevait 500,000 âmes à la Westphalie, et fermait des côtes que la possession d'Héligoland par les Anglais avait ébréchées. Les pays ainsi annexés, et qu'il était peut-être dans les intentions de Napoléon de rendre au moment de la paix générale, formèrent cinq départements, dont Davout devint gouverneur.

A Naples, Murat, lui aussi, voulait être surtout napolitain et protéger l'indépendance italienne contre la France. L'Empereur envoya un corps d'armée pour occuper Gaète : « S'il résiste, dit-il, de son beau-frère, il cesse de régner ». — « Je ne vous ai pas fait rois, vous et vos frères, dit-il encore, l'année suivante, à Murat, pour régner à votre manière, mais pour régner à la mienne, pour suivre ma politique, et rester Français sur des trônes étrangers ». Murat dut se soumettre.

La Suède avait fait la paix avec la France, et adhéré au système continental. Charles XIII cherchait à renouer d'antiques relations, et, comme il n'avait pas d'enfants, quelques officiers suédois s'avisèrent de proposer, pour être élu prince royal, Bernadotte qu'ils avaient connu en Poméranie. Bernadotte était un beau-frère de Joseph, et l'on croyait plaire à Napoléon en choisissant un général allié à sa famille. Grâce à ce faible motif, l'élection eut lieu, 21 août. L'Empereur, en lui donnant son consentement, ne le fit que par convenance ; un arrière instinct lui faisait pressentir les complications qui en résulteraient.

De l'autre côté des Pyrénées, la fâcheuse guerre conduite sans Napoléon, continuait mollement avec Masséna, — qui était surtout occupé de ses plaisirs, — à être une série de succès et de revers, de combats héroïques et d'inutiles efforts. Les Cortès, assemblées à Cadix, 24 septembre, déclarèrent que la souveraineté résidait dans la nation, et préparèrent une constitution presque républicaine, qui devait être proclamée le 19 mars 1812, et qui, tout en reconnaissant Ferdinand VII, les amènerait à entamer des négociations secrètes avec Joseph.

En résumé, à la fin de l'année présente, l'Empire était au plus haut degré de sa gloire et de sa puissance. Il comptait 130 départements. Il était entouré d'une ceinture d'alliés qui lui servaient de remparts, et qui joignaient leurs armées aux siennes. Tout paraissait avoir fléchi devant lui. Notre commerce sur mer était, il est vrai, réduit à un misérable cabotage ; nous n'avions plus de colonies ; la Guadeloupe et les îles de France et de Bourbon venaient d'être prises. Le système continental, avec les défauts de ses qualités, empêchait l'écoulement des produits nationaux, et privait les Français des importations étrangères. Mais, Napoléon avait foi dans l'avenir ; et, si la paix s'était maintenue, le programme impérial se fût réalisé.

Deux puissances encore intactes s'opposaient à l'accomplissement de cette œuvre : l'Angleterre, notre ennemie toujours acharnée, et la Russie déjà alors notre alliée, mais à la veille d'opérer une rupture, qui réduirait la plus haute fortune du monde au plus complet désastre.

1811

Le 20 mars, à un anniversaire de la mort du duc d'Enghien, l'impératrice Marie-Louise donna le jour à un fils, auquel une destinée brillante semblait réservée, et qui devait mourir sur la terre d'exil. Cet événement excita une véritable allégresse, et le nouveau-né fut presque divinisé dans son berceau. Napoléon était enivré de bonheur à la pensée que c'était désormais sur lui, et non sur des frères indociles, que pourraient se reposer ses espérances dynastiques. Suivant l'antique exemple des princes héréditaires d'Allemagne, qui portaient le titre de roi des Romains, avant de recevoir celui d'empereur, l'enfant fut salué du nom de roi de Rome. La pompe du baptème égala celle qui avait été déployée au moment du mariage impérial.

A quelque temps de là, 17 juin, Napoléon, de l'avis d'un grand conseil ecclésiastique, convoqua à Paris une sorte de concile national.

En confinant le Pape à Savone, il lui avait enlevé tous ses cardinaux, et lui avait interdit toute communication avec la

France et l'Italie. De plus il avait déclaré loi de l'Empire les articles gallicans de 1682. Pie VII, persécuté, refusait de donner l'institution aux évêques nommés par l'Empereur. La difficulté avait été tournée, à l'instigation du cardinal Maury, en faisant élire, par les chapitres, les évêques, comme vicaires apostoliques; mais le Pape avait défendu à ceux-ci de prendre l'administration des diocèses. De là, le désir de l'Empereur d'aviser à mettre un terme à un état de choses si irrégulier, fallût-il pour cela engager les évêques à résister aux décisions pontificales.

Cent prélats se rendirent à son appel. Ils décrétèrent, sous réserve de l'approbation du Pape, que celui-ci donnerait l'institution aux évêques, dans les trois mois qui suivraient leur nomination, faute de quoi les métropolitains seraient autorisés à la leur donner. Cette déclaration parut insuffisante à l'Empereur, qui fit former le concile, et ordonna l'arrestation de quelques évêques, 10 juillet. Cependant il se radoucit, et autorisa une députation à aller conférer avec Pie VII. Le Souverain-Pontife adhéra au Concile, mais dans des termes qui ne furent pas exécutés, de sorte que plusieurs diocèses restèrent sans prélats institués, ce qui laissa les affaires ecclésiastiques dans un provisoire qui discrédita Napoléon.

Le czar avait vu le mariage de Marie-Louise avec un profond dépit. D'ailleurs, quoiqu'il eût pris sa part des dépouilles de l'Autriche, il s'inquiétait d'une marche en avant des Français, qui lui faisait craindre la reconstitution de la Pologne. Les négociations engagées avec Napoléon, à l'effet d'en obtenir la promesse que le royaume ne serait pas rétabli, s'étaient terminées par une déclaration contraire à ses vues.

Finalement, l'année 1811 se passa en récriminations injurieuses, et, de part et d'autre, on se prépara à une guerre qui allait mettre en présence les deux principes qui divisaient toujours la société ancienne et la société moderne.

1812

L'Empereur disait : « Quand les Russes verront que la Prusse, l'Autriche et probablement la Suède sont avec nous, et que les Turcs se raniment sous notre influence, je suppose qu'ils ne se laisseront plus aller à l'idée de me braver. »

Le 24 février, Frédéric-Guillaume de Prusse s'engagea à fournir contre la Russie un contingent de vingt mille hommes, l'Autriche trente mille, 14 mars. La Turquie et la Suède avaient intérêt à profiter de l'occasion pour se venger de la Russie, et pour la prendre par les flancs ; mais les intrigues de l'Angleterre allaient détourner, de l'alliance française, le premier de ces deux Etats ; quant au second, où Bernadotte venait à peine d'arriver, il cherchait à s'affranchir du système continental.

La Turquie et la Suède unirent donc leurs efforts à ceux de l'Espagne et de l'Angleterre et formèrent contre nous, avec la Russie, la sixième coalition. Pour repousser cette nouvelle attaque, Napoléon entreprit la plus gigantesque et la plus regrettable expédition qu'il eût encore osé concevoir.

D'après le général de Marbot, le plus puissant motif qui porta l'Empereur à faire la guerre à la Russie, fut le désir de la ramener à l'exécution du traité signé à Tilsitt en 1807, traité par lequel l'empereur Alexandre s'était engagé à fermer tous les ports de ses états à l'Angleterre, ce qui n'avait jamais été pratiqué que d'une manière très imparfaite. En Italie, en Allemagne, dans les provinces illyriennes, le système continental, bien qu'établi aussi par décret impérial, n'y était appliqué qu'illusoirement, et l'empereur de Russie pouvait paraître dans son droit en constatant que la sommation de la France, de lui interdire toute relation commerciale avec l'Angleterre, était une exception injurieuse, pour lui, puisque l'exception devenait presque générale en Europe.

Mais la Russie était alors l'invincible ennemie de Napoléon. Donc, malgré les sages avis de Caulaincourt, son ancien ambassadeur à Saint-Pétersbourg, malgré les instances du lieutenant-colonel de Ponthou, qui, connaissant un pays, au service duquel il avait passé quelques années, osa tomber aux genoux de l'Empereur, pour le supplier de ne pas entreprendre une campagne dont il prévoyait toutes les calamités, l'Empereur, dès le 23 février, demanda à Alexandre une explication définitive sur ses armements.

Le czar, auquel ses sujets reprochaient d'avoir blessé l'amour-propre national, en s'alliant avec la France, et détruit le commerce russe en déclarant la guerre à l'Angleterre, répond, par un ultimatum hautain, 21 avril. En même temps son ambassadeur à Paris réclame ses passeports, et Alexandre va rejoindre l'armée concentrée à Wilna. C'était une déclaration de guerre, 9 mai.

Aussitôt Napoléon entreprend de traverser l'Allemagne et passe le Niémen, 22 juin, après avoir, à Grodno, fait, au récit de M. de Cuzieu, fusiller un capitaine de génie qui lui disait ne pouvoir jeter un pont sur le fleuve. A la tête de quatre cent cinquante mille hommes, la plus belle armée qui ait jamais été, il se dirige sur Wilna, dont il s'empare facilement, et où il entre le 28. Suit une halte de quelques jours, puis il se remet en marche, 15 juillet. Les Russes se retirent partout devant lui, ne laissant derrière eux qu'un désert, incendiant les villes, détruisant les vivres, faisant refouler toute la population dans le centre de l'Empire, et organisant une véritable guerre d'extermination.

Les Français attaquent les faubourgs de Smolensk, le 18 août, et les enlèvent malgré une résistance acharnée. Un combat s'engage aux portes de la ville. Les Russes mettent le feu à celle-ci et se replient. L'espérance de trouver, auprès de Napoléon, un gage de retour à leur indépendance, avait précipité en foule les Polonais dans son armée. Ici M. de Cuzieu cite un nouvel acte de violence du grand conquérant, qui fait fusiller un colonel polonais refusant de brûler le château d'un de ses amis. La femme du colonel accourt en voiture pour tâcher de sauver son mari, ses chevaux se heurtent au cadavre du malheureux.

C'est seulement en avant de Moscou que les Russes se décident à livrer une bataille aussi désirée par nous, qu'elle devait être sanglante, 7 septembre. Le général Ney s'y couvre de gloire, et gagne le titre de prince de la Moskowa, du nom d'une petite rivière qui passe près de là; mais ce n'est qu'une demi-victoire. Napoléon épargnait ses forces pour une seconde action, qu'il s'attendait à en engager sous les murs même de Moscou.

Le maréchal russe Kutusof déjoue son plan. Préférant sauver son armée, plutôt qu'une ville dont la prise n'entraînerait pas la perte de l'Empire, il fait passer ses troupes à travers Moscou : « La cession de la capitale, dit-il, aux soldats consternés, est un piège où la ruine de l'ennemi est infaillible. » Les Français entrent alors tranquillement dans la ville, en chantant la *Marseillaise*, et en poussant devant eux les derniers bataillons russes, 14 septembre. Napoléon, joyeux d'un si facile succès, prend séjour au Kremlin, citadelle et palais des czars. Il voulait y être proclamé empereur d'Occident, et s'y faire de nouveau couronner avec les ornements du sacre.

La campagne semblait terminée ; lorsque, dès le lendemain, commença l'œuvre de destruction ordonnée par le fanatisme patriotique du gouverneur Rostopchin. Des incendies éclatèrent partout, ne faisant bientôt qu'un océan de flammes de constructions presque toutes en bois. Les habitants s'enfuirent, et la plupart périrent de misère. Pendant cinq jours, la seconde capitale de l'empire russe fut livrée à la dévastation. Il n'y resta debout que les églises et un dixième des maisons....

Cette épouvantable catastrophe changeait la face des affaires. A 800 lieues de Paris, au milieu de solitudes immenses, qui ne présentaient pas de ressources, sa retraite pouvant être coupée, Napoléon écrivit à Alexandre, et essaya de négocier avec lui. Alexandre ne daigna pas répondre aux ouvertures de paix qui lui étaient faites, et blâma même Kutusof d'avoir consenti à des pourparlers : « Ma résolution est inébranlable, dit-il ; aucune proposition de l'ennemi ne pourra m'engager à terminer la guerre. » D'ailleurs, il ne s'appartenait pas, il était dominé par le parti qui avait tué son père, qui venait de brûler Moscou, centre de l'opposition de la vieille aristocratie, et qui parlait de le déposer s'il paraissait fléchir.

L'énergie incroyable de l'Empereur ne s'abattait pas en proportion des difficultés. Pour relever son prestige, il faisait mettre tous les soirs deux bougies auprès de sa fenêtre, afin, est-il dit, dans le *Journal du maréchal de Castellane*, à la date du 29 septembre, que les soldats pussent s'écrier : « Voyez ! l'Empereur ne dort ni jour ni nuit ; il travaille continuellement. » On ne parla même pas de partir, mais de prendre ses quartiers d'hiver à Moscou, et, pour s'amuser, d'y faire venir des chanteurs d'Italie.

Cependant, la confiance n'était que factice, et, malgré un avantage que Murat avait remporté le 27 septembre, mais qu'il allait expier le 18 octobre, Napoléon comprit qu'il n'avait pas de temps à perdre, et qu'il lui fallait, en traversant un pays abondant et bien peuplé, revenir à Smolensk, où il avait centralisé des masses d'approvisionnements. Il espérait y arriver avant les grands froids ; et, dès le 13 octobre, la première neige étant tombée, il fit, du 14 au 10, sortir de Moscou quatre-vingt mille combattants qui traînaient avec eux un nombre considérable de blessés et de malades, et un immense matériel de chariots, d'équipages chargés de vivres et d'artillerie. Mortier resta avec une dernière garde et fit sauter le Kremlin, le 23.

En arrivant à Smolensk, 12 novembre, on trouva que tous les magasins avaient été presque entièrement vidés par les troupes de passage, et un seul jour suffit aux troupes en retraite pour épuiser les restes. Les généraux laissés en arrière, au moment de la marche sur Moscou, avaient quitté les points où leur coopération eût alors été la plus efficace. La saison devenait rigoureuse, le danger s'accentuait.

Napoléon se hâta de sortir de Smolensk, dont il détruisit les fortifications, 14 novembre ; et quatre corps d'armée, commandés par lui-même, par Eugène de Beauharnais, par Davout et par Ney, se mirent en marche à une journée de distance. A ce moment, le froid atteignait 18 degrés, et la route était presque impraticable. Le vertige saisit les malheureux soldats accablés de souffrances. Les uns se tuaient, les autres se livraient aux Cosaques. Les chevaux périssaient non par centaines, mais par milliers ; plus de 30,000 succombèrent en peu de jours. La cavalerie se trouva à pied, l'artillerie et les transports sans attelage. Beaucoup de pièces et de munitions durent être abandonnées et détruites.

Tel fut le début de cette lugubre et héroïque retraite, dans laquelle nos troupes s'épuisèrent en prodiges incessants. Tantôt à Krasnoï, c'était l'Empereur, à la tête de sa garde légendaire, réduite à dix mille hommes, qui s'enfonçait au milieu de soixante mille ennemis et dégageait Davout, 16 novembre; tantôt, c'était Ney, qui, resté seul avec une faible troupe, parvenait trois fois à percer les lignes russes, formant comme une muraille de fer, 19 novembre, passait le Dniéper sur la glace, et rejoignait, à Orcha, ses frères d'armes qui l'avaient cru perdu et l'accueillaient avec enthousiasme.

De Smolensk à Krasnoï, les Russes ramassèrent 26,000 traînards ou blessés, 228 canons et 5,000 voitures.

Quarante mille combattants, y compris les corps d'armée de Victor et d'Oudinot, et de fidèles renforts polonais, arrivèrent sur les bords de la Bérésina, qui eût été le tombeau de tous sans les efforts presque surhumains de ceux qui parvinrent à s'échapper. En effet, Kutusof poursuivait sans relâche nos débris, pendant que deux autres corps russes s'avançaient, l'un du Sud, l'autre du Nord, pour fermer le chemin du retour. Déjà le cours de la rivière était occupé par l'un d'eux, lorsque notre avant-garde y parut. Tous les ponts avaient été détruits; la Bérésina, gonflée par les neiges, charriait d'énormes glaçons, le passage semblait impossible.

Cependant, des ponts de bateaux furent jetés, grâce au dévouement du général Eblé et de ses pontonniers qui travaillèrent plongés à mi-corps dans des eaux glaciales. Oudinot passa d'abord, 26 novembre, Ney ensuite, puis l'Empereur avec la garde. Eugène et Davout le suivirent, mais lentement à cause des accidents nombreux qui se produisaient.

Une effroyable lutte s'engagea sur les deux rives, et, lorsque la multitude des traînards se précipita à son tour pour traverser le pont, où les boulets russes pleuvaient, ce fut un horrible spectacle : charrettes, caissons, fourgons, blessés, malades et le reste, tout s'entassa, s'écrasa, tomba dans la rivière et fut mutilé par le feu ennemi. Victor tint jusqu'à la dernière extrémité, pour protéger la marche, mais à la fin, acculé et réduit à cinq mille hommes, il se fit un horrible chemin au milieu de la multitude, 29 novembre, en laissant derrière lui douze à quinze mille traînards.

Une cause non négligeable du désastre fut l'affluence énorme des voitures remplies de femmes et même d'enfants qui suivaient l'armée. Le maréchal de Castellane dit aussi, dans son *Journal*, que beaucoup de Françaises, établies à Moscou, avaient fui dans la crainte des mauvais traitements des Russes, et que la plupart de ces infortunées moururent misérablement.

De Moscou à la Bérésina, la retraite avait été un combat continuel. Désormais, ce ne fut plus qu'une déroute. Il fallait marcher par un froid de 20, 25, et, à la fin, de 30 degrés. — Napoléon, ne voulant pas assister à la disparition totale de sa grande armée, et estimant sa présence nécessaire à Paris pour calmer les esprits terrifiés par la nouvelle de nos catastrophes, confia le commandement et les ordres les plus minutieux à Murat, et partit en secret, 5 décembre

Mme de Chastenay juge très sévèrement dans ses *Mémoires*, tome second, pages 219 et 220, la conduite de l'Empereur à la retraite de Russie, et son départ pour la France. « Que faisait alors l'Empereur? dit-elle ; dans l'incurie la plus complète, enveloppé de fourrures, et cheminant dans une voiture fermée, sa table encore était pourvue ; il mangeait à ses heures ; et fataliste endurci, il avançait en comptant désormais sur la destruction inévitable de son armée... Le joueur d'hommes perdit la tête, on crut trouver plus d'avantages à recommencer la partie. A peine à Wilna, il ordonna de brûler tous les équipages... et lui-même, en traîneau, accompagné d'un Polonais, de son Mameluk et du duc de Vicence, reprit, sans autre suite, le chemin de la France ».

Contrairement à l'assertion, évidemment trop partiale, qui veut que l'attitude et la disparition de l'Empereur aient mis le comble à l'exaspération, à l'indiscipline et au découragement, le maréchal de Castellane, témoin des faits qu'il raconte, assure que rien de semblable ne se produisit. La position, dit-il, était horrible, et l'armée désorganisée, en proie aux souffrances les plus cruelles. Mais on espérait dans l'Empereur ; le dévouement, la confiance en lui, malgré les désastres, étaient entiers. On craignait seulement sa prise en route. L'apprendre arrivé en France sain et sauf était le souhait le plus vif. Il était nécessaire pour réorganiser une armée et en sauver une autre.

Quoi qu'il en fût, la désolation était immense et l'emportait sur tout sentiment différent. On jetait les armes, on ne songeait plus qu'à sauver sa vie. En trois jours, vingt mille hommes périrent de froid et de faim. Les autres se précipitèrent à

Wilna, où l'on devait trouver le corps d'armée d'Augereau, des vivres, des vêtements, un arsenal complet, 8 décembre. Augereau, dernière espérance de l'armée, avait lui-même souffert du froid. Puis à peine était-on dans la ville, le canon russe se fit entendre. La confusion redoubla. Ney, qui, seul, avait conservé son énergie, donna à la foule le temps de s'écouler ; mais quinze mille malades ou mourants ne purent sortir, et furent presque tous massacrés.

Enfin, vingt à trente mille fuyards arrivèrent sur le Niémen qu'ils traversèrent, 30 décembre, et quittèrent un fatal territoire, où restaient trois cent trente mille hommes morts ou prisonniers.

L'ennemi s'arrêta. La campagne était réellement terminée, et une série de défections allait achever la ruine de la France, qu'une paix générale, possible à obtenir, eût encore pu sauver.

En Espagne, les affaires avaient pris une tournure non moins désastreuse. Marmont avait été blessé et son armée battue, 22 juillet. Wellington était entré sans obstacle à Madrid. Joseph s'était retiré sur Valence. Soult avait pu chasser les Anglais de Madrid ; mais ce retour de fortune n'avait été que momentané. Les négociations, entamées avec Joseph, avaient été rompues par les Cortès qui s'étaient alliées avec l'empereur de Russie.

1813

Au 18 décembre, Napoléon avait trouvé Paris consterné. Il se mit au travail avec plus d'activité que jamais, et annonça que la campagne prochaine s'ouvrirait avec des forces doubles de celles qui avaient marqué la campagne précédente.

Quoique l'opinion publique fit peser sur lui toute la responsabilité des désastres de 1812, cependant tel était l'ascendant prestigieux qu'il exerçait, que de nouveaux sacrifices furent faits avec résignation, sinon sans murmure. Le Sénat lui accorda cent mille hommes de la garde nationale, cent mille des conscriptions de 1809 à 1812, et cent cinquante mille de la conscription de 1814. Le Corps législatif, convoqué le 14 février, pour régler les finances, pourvut aux déficits passés et aux exigences présentes, en décrétant la vente des biens fonds que les communes possédaient, et en échange desquels furent fournies des inscriptions de rente sur le grand livre. De toutes parts arrivaient des lettres pleines de dévouement à la cause impériale.

Cependant, un évènement étrange effraya Napoléon, et lui révéla la fragilité d'un gouvernement qui ne reposait que sur une dictature personnelle. A l'époque où commençait la retraite de Moscou, un général républicain, Malet, détenu pour complot politique, avait conçu le projet audacieux de s'emparer du pouvoir en faisant courir le bruit de la mort de l'Empereur. La conspiration appuyée, disait-on, par les royalistes, avait été aussitôt découverte que réprimée, et celui qui en était l'auteur avait été fusillé le 29 octobre, ainsi que treize de ses complices. Néanmoins, Napoléon comprit que la faveur populaire dont il jouissait était fragile, et il chercha à la consolider par tous les moyens, parcourant les faubourgs, encourageant les travaux, et s'entretenant avec les ouvriers, qui, malgré tout, s'obstinaient encore à le regarder comme le symbole de la grandeur de la France.

De toutes les causes qui pouvaient indisposer contre l'Empereur, le savant auteur de l'*Histoire du Consulat et de l'Empire*, Thiers, constate judicieusement que la plus agissante, après la guerre, c'était les différends avec Rome et la captivité du Pape.

Le mode d'institution canonique des évêques avait été à peu près convenu. Mais restait à traiter la question du pouvoir temporel du Pape. Dans la crainte que, pendant qu'il s'enfoncerait dans les profondeurs de la Russie, les Anglais profitassent de l'occasion pour enlever Pie VII de Savone, Napoléon avait ordonné, pendant l'été de 1812, la translation de son prisonnier à Fontainebleau ; et, là, dans l'appartement même que le Souverain-Pontife occupait à l'époque brillante du couronnement, il le comblait d'honneurs, dissimulant ainsi, sous une apparence de liberté, ce qui, au fond, était une captivité incontestable.

Un gouvernement, qui se donne contre la religion des torts sérieux, n'a pas d'ennemis plus acharnés que tous ceux dont il froisse les sentiments et les croyances. L'Empereur le savait ; aussi était-il résolu à terminer ses désaccords avec le Pape, en concédant le moins possible, mais en concédant toutefois ce qui serait nécessaire pour parvenir à une transaction.

De son côté, le Saint-Père, ne faisant entrer la chute de Napoléon dans aucune de ses prévisions, et ne voyant dès lors aucun moyen de forcer son oppresseur à restituer les Etats romains, en était arrivé à considérer l'établissement de la Papauté à Avignon, avec une dotation convenable, comme un pis aller acceptable, consacré d'ailleurs par de longs précédents, et comme une consolation relative en présence d'autres difficultés.

4

Le projet, attribué à l'Empereur, de l'établir à Paris, le révoltait, en effet, au plus haut degré, et lui paraissait pire que la captivité elle-même. Si pareille combinaison avait dû s'accomplir, il n'aurait plus été sous la main des souverains français qu'un patriarche semblable à celui de Constantinople, et l'Eglise d'Occident aurait été ravalée, pour lui, au niveau de la moderne Eglise d'Orient. En n'acceptant aucune concession, il se trouverait peut-être en face d'un nouvel Henri VIII, qui pourrait porter à l'Eglise des coups encore plus redoutables que la spoliation de ses biens matériels.

Cette disposition réciproque des esprits fournissait à Napoléon un moyen de négociation précieux. Lorsqu'on fut près de s'entendre, l'Empereur se rendit, 10 janvier, à Fontainebleau, où le Pape était en conférence avec plusieurs évêques et cardinaux. Le lendemain, des visites eurent lieu; les pourparlers se succédèrent sans interruption. Pour triompher des répugnances de Pie VII à quitter Rome, l'Empereur convint que, quoi qu'il fût entendu que le Pape résiderait à Avignon, on ne parlerait officiellement ni de l'abandon de la ville éternelle, ni de l'établissement à Avignon, mais seulement de l'existence indépendante du Souverain-Pontife, et du libre exercice de sa puissance spirituelle, au sein de l'empire français, comme s'il était dans ses propres états.

On adopta donc la rédaction suivante : « Sa Sainteté exercera le pontificat en France, et dans le royaume d'Italie, de la même manière et avec les mêmes formes que ses prédécesseurs. »

L'Empereur devait rendre ses bonnes grâces aux cardinaux, évêques, prêtres et laïques qui avaient eu à souffrir des derniers troubles religieux. Sur les instances du Pape, l'énumération des diverses clauses de l'accord se terminait ainsi : « Le Saint-Père se porte aux dispositions ci-dessus, en considération de l'état actuel de l'Eglise, et dans la confiance, que lui inspire Sa Majesté, qu'elle accordera sa puissante protection aux besoins si nombreux qu'a la religion dans les temps où nous vivons. »

Il était enfin convenu que le présent Concordat, quoique ayant la force d'un traité, ne serait publié qu'après avoir été communiqué aux cardinaux, qui avaient droit d'en connaître, comme conseillers de l'Eglise.

Le 25 janvier, au soir, les deux cours pontificale et impériale étant assemblées, le Pape et l'Empereur signèrent cet acte extraordinaire, qui mettait à néant la puissance temporelle de la Papauté, pour toujours, selon l'opinion de Napoléon, pour bien peu de temps selon les desseins cachés de la Providence.

Après avoir encore passé à Fontainebleau, deux jours peu-

dant lesquels il s'efforça de manifester au Pape sa vive satisfaction, l'Empereur partit, le 27 janvier, pour Paris, avec la
conviction d'avoir accompli un acte qui, momentanément au
moins, produirait un grand effet. Il se hâta de publier, dans les
journaux officiels, qu'un Concordat venait de régler des différends survenus entre l'Empire et l'Église, et fit dire, de vive
voix, que le Pape allait s'établir à Avignon.

. L'annonce, vague toutefois, que le Pape était libre, qu'il
allait se rendre dans le siège où il devait exercer la puissance
pontificale, et que toutes les difficultés religieuses étaient
terminées, ne tarda pas à se répandre dans les provinces les
plus reculées de l'Empire, et à y porter la joie. La foule courut
au pied des autels, pour remercier Dieu, et se prit à espérer
que cette paix du Ciel lui vaudrait peut-être la paix de la terre.
Quelques individus cependant essayèrent de démontrer que
l'entente était un mensonge, que le Pape n'avait consenti à
rien. Il y en eut même qui allèrent jusqu'à dire que Napoléon
avait inutilement voulu faire violence à Pie VII.

Volontiers ou à regret, Pie VII s'était prêté aux exigences
impériales. Mais le calme opéré par ses concessions ne devait
pas être de longue durée. Dès que ses conseillers ordinaires,
les cardinaux Pacca et Consalvi, qui avaient été détenus,
l'eurent rejoint, ils lui démontrèrent l'imprudence et le défaut
de réflexion ou d'à-propos de l'acte qu'il avait signé, en contri-
buant à opérer une révolution immense dans l'Église, en
acceptant que la Papauté fût sous la dépendance du pouvoir
civil, en abandonnant le patrimoine de saint Pierre, qui ne
lui appartenait pas, et cela, sans nécessité, à la veille d'une
guerre qui pouvait ne pas tourner à l'avantage de Napoléon.

De la satisfaction et de la gaieté qu'il avait ressenties pendant
quelques jours, l'infortuné Pie VII tomba, à la suite de ces
observations, dans un état de trouble, de tristesse et d'abat-
tement profond. Chateaubriand rapporte dans ses *Mémoires
d'outre-tombe*, qu'il dit à son entourage : « Ces cardinaux nous
ont entraîné à la table, et nous ont fait signer ».

Comme, en définitive, Avignon ne pouvait pas être prêt
avant un an ou deux, et que, en outre, les termes mêmes du
Concordat ne devaient pas être publiés, il fut convenu, entre
Pie VII et ses conseillers, qu'on n'afficherait aucun changement
de dispositions, qu'on se tairait, qu'on se résignerait encore à la
vie de reclus qu'on menait à Fontainebleau, et qu'on attendrait
les événements qui se chargent souvent d'arranger les choses
et qui ne pouvaient manquer d'être prochains.

Le Saint-Père, incapable de dissimuler le tourment qui
assiégeait son âme, et préférant l'humiliation d'une rétractation

à un traité que répudiait sa conscience, écrivit à l'Empereur
que c'était inconsidérément qu'il avait adhéré au Concordat.
Napoléon, d'après Chateaubriand, menaça d'abord de « faire
sauter la tête de dessus les épaules de quelques-uns des prêtres
de Fontainebleau » ; il pensa à se déclarer chef de la religion
de l'Etat ; puis, retombant dans son naturel, il feignit de
n'avoir rien su de la lettre du Pape.

Quoi qu'il en fût, il conserva son prisonnier à Fontainebleau,
et ne le renvoya en Italie que l'année suivante.

La pacification religieuse ainsi avortée, les apprêts de guerre
extérieure recommencèrent avec une ardeur croissante.

La retraite s'était terminée le 9 mars, et l'isolement de nos
combattants, retirés sur la Vistule, l'Oder et l'Elbe, nécessitait
une prompte réorganisation. Au Nord, le général York, à la
tête du corps auxiliaire prussien, séparait ses troupes de celles
des Français, que commandait Macdonald, et concluait un
armistice avec les Russes. Le corps autrichien de Schwartz-
zenberg tenait au Midi une conduite à peu près analogue.

A la vue des misérables restes de la grande armée, les
mécontentements patriotiques de l'Allemagne soulevaient
contre la France un mouvement unanime. Le roi de Prusse,
d'abord hésitant, abandonnait bientôt notre cause, et nous
déclarait la guerre, 17 mars. L'Autriche, pressée de prendre
part à la nouvelle coalition, la septième, formée le 1er mars,
par l'Angleterre, la Suède, la Prusse et la Russie, temporisait
et faisait semblant d'agir dans un sens pacificateur. D'alliée
qu'elle était naguère, de médiatrice qu'elle se proposait d'être
maintenant, elle ne tarderait pas à devenir ennemie, puisque
l'occasion se montrait favorable pour elle de réparer ses
pertes.

Après avoir envoyé des renforts considérables sur l'Elbe,
l'Empereur confia la régence à Marie-Louise, 15 avril, et se
mit en route pour recommencer la campagne, et tenter encore
une fois la fortune des combats. Son armée était partagée en
quatre corps, commandés par Ney, Marmont, Bertrand et
Oudinot. Sa garde avait pour chefs Soult, Mortier et Bessières.
Davout était spécialement chargé du dégagement de la
Westphalie.

Arrivé sur la Saal, Napoléon rejoignit Eugène de Beauharnais, auquel, 16 janvier, Murat avait abandonné le commandement général, sous prétexte d'aller sauver son royaume de
Naples.

La perte du maréchal Bessières, dans une escarmouche,
1er mai, fut suivie, le lendemain, vers Lutzen, d'un premier
succès qui rétablit le prestige de nos armes, puis d'une autre

victoire à Bautzen, 23 mai, sur la Sprée ; mais les alliés se
retirèrent en bon ordre ; nos pertes étaient considérables ;
l'ami particulier de Napoléon, Duroc, fut tué par un boulet
perdu ; et l'Autriche, se glissant au milieu de nous pour
arrêter notre élan, obtint la signature, à Pleswitz, d'un armistice qui devait durer du 4 juin au 28 juillet.

Du côté des Pyrénées, la situation était de moins en moins
prospère. Joseph venait de quitter encore une fois sa capitale ;
Wellington l'avait rejoint et défait, près de Vittoria, 21 juin.
Soult allait prendre le commandement de l'armée de Joseph,
avec des pouvoirs illimités ; mais, bientôt, les Anglais arrive-
raient sur la Bidassoa, la France serait envahie par les Espagnols, et Napoléon signerait, l'année suivante, avec Ferdinand VII, un traité par lequel celui-ci serait libre de remonter
sur son trône.

Attaquée simultanément sur ses frontières, au Sud et à l'Est,
la France n'avait donc qu'à se prêter aux négociations qui
seraient réglées en congrès et dont une paix assurée devait être
la conséquence. Metternich vint à Dresde soumettre à Napoléon
les concessions que réclamait l'Autriche pour rester neutre :
« Quoi, s'écria l'Empereur, non seulement l'Illyrie, mais la
moitié de l'Italie, le retour du Pape à Rome, l'abandon de la
Pologne, de l'Espagne, de la Hollande, de la confédération du
Rhin, de la Suisse ! Et c'est mon beau-père qui accueille un
tel projet ! C'est lui qui vous envoie ! Ah ! Metternich, combien
l'Angleterre vous a-t-elle donné pour me faire la guerre ? »

Cependant, il signa une convention par laquelle il acceptait
la médiation de la cour de Vienne. Le congrès devait se réunir
à Prague, et l'armistice être prolongé jusqu'au 10 août. Mais ce
n'était là qu'un moyen pour les alliés de gagner du temps,
d'achever leurs armements, et d'empêcher les conférences
d'aboutir ; on voulait en finir avec l'homme qui maintenait
l'Europe dans un état d'effervescence continuel, on voulait
assurer la paix du monde, et se montrer aux Français, non en
conquérants, mais en libérateurs « contre l'ennemi commun ».

Napoléon vit l'abîme où il était tombé, et, lorsque Metternich
lui demanda son dernier mot et réclama le partage de la Pologne,
entre les puissances du Nord, il accéda à tout, mais trop tard :
sa réponse arriva le 11 août ; les négociateurs s'étaient séparés
la veille, presque avant d'avoir commencé leurs travaux.

La défection de l'Autriche et son adhésion formelle aux
alliés, adhésion pour laquelle elle reçut de l'Angleterre un
subside mensuel de 13 millions, étaient dès lors un fait accompli ; et, pendant les pourparlers, la coalition avait pu se complé-
ter et mettre sur pied un million d'hommes. Établi à Dresde,

avec le cours de l'Elbe pour base d'opérations, vers la Bohême qui lui était fidèle et vers Berlin, Napoléon, toujours confiant, opposa aux armées réunies cinq cent cinquante mille combattants.

17 août, les hostilités recommencèrent. Deux engagements, 26 et 27 août, firent éprouver aux alliés des pertes énormes et les obligèrent de se retirer dans le plus grand désordre. Ce fut dans la seconde journée que Moreau, appelé du fond de l'Amérique, pour mettre au service de nos adversaires l'expérience qu'il avait acquise en luttant contre eux, eut les deux jambes fracassées par un boulet et paya de sa vie sa triste défection. L'Empereur lança tous les corps à la poursuite des fuyards, cependant, de ce jour, commencèrent nos désastres.

Remis de leurs insuccès, et vainqueurs dans quelques rencontres partielles, les alliés se dirigèrent d'un commun accord vers Leipzick, pour se porter sur la ligne de retraite de l'armée française. Pendant trois jours, 16, 17 et 18 octobre, cinq cent mille hommes s'y disputèrent l'empire du monde avec un acharnement qui fit nommer la bataille qui y fut livrée — la plus terrible des temps modernes — la bataille des nations.

La victoire inclinait de notre côté, lorsque la trahison des Saxons et des Wurtembergeois jeta le désordre dans nos rangs. Par un déplorable malentendu, le pont de l'Elster, par lequel devaient se retirer nos troupes, ayant été détruit, lorsque trois divisions étaient encore aux prises avec l'ennemi, le désespoir s'empara de ceux qui composaient l'arrière-garde. Les uns se défendirent jusqu'à la mort, les autres se jetèrent dans les canaux profonds et bourbeux de l'Elster, et y périrent la plupart. De ce nombre, fut le prince Poniatowski, qui venait d'être nommé maréchal. Macdonal se sauva à la nage ; Lauriston resta prisonnier. Les Français avaient perdu cinquante mille hommes, dont vingt mille tués. Les alliés n'avaient pas moins de soixante mille tués ou blessés.

En reprenant le chemin de la France, Napoléon culbuta les Bavarois, près de Hanau, 30 octobre ; et, le 2 novembre, toute l'armée, réduite à soixante mille hommes, avait passé le Rhin avec l'espoir de sauver au moins la patrie à l'intérieur. Nos malheureux débris s'entassèrent dans les hôpitaux, où le typhus enleva trente mille hommes en six semaines. Les alliés suspendirent leurs mouvements pour préparer l'invasion.

La situation s'aggravait de jour en jour. Murat, voulant jouer le rôle de Bernadotte, lequel avait pris une part décisive à la funeste bataille de Leipzick, venait de traiter secrètement avec l'empereur d'Autriche et allait marcher contre celui qui l'appelait son frère. La Hollande se mettait en insurrection, proclamait son indépendance, 24 novembre, et sollicitait l'arrivée du prince d'Orange.

Revenu à Paris, Napoléon pouvait justement dire au Sénat : « Il y a un an, toute l'Europe marchait avec nous ; aujourd'hui, toute l'Europe marche contre nous. » Il fit décréter une armée de trois cent mille hommes sur les conscriptions de 1803 à 1814, et convoqua le Corps législatif. Mais la haine qu'il avait provoquée s'accentait de jour en jour. Il n'était pas un sentiment naturel qu'il n'eût froissé, et il n'y avait plus qu'une partie du peuple qui eût gardé sa foi en lui, qui restât toujours fidèle à l'homme de la révolution. Tout le reste du pays, harassé, épuisé, irrité, accusait sa seule ambition de tous les maux qui se multipliaient sans cesse. On était las de la guerre, on voulait échanger l'absolutisme et la tyrannie pour un peu de paix et de liberté, on redevenait royaliste.

Comme au temps du manifeste du duc de Brunswick, les étrangers touchaient au sol de la France. D'abord, ils offrirent des négociations et un congrès, à condition que la prépondérance, que Napoléon avait trop longtemps exercée hors des limites de son empire, disparaîtrait, et que la France rentrerait dans ses limites naturelles. Puis, ils s'aperçurent qu'ils n'avaient devant eux qu'une nation découragée, facile à vaincre, et disposée à tous les sacrifices. Alors les pourparlers cessèrent, et une campagne d'hiver fut résolue.

Le 19 décembre, l'Empereur ouvrit la session du Corps législatif, et communiqua à celui-ci les différentes pièces diplomatiques relatives aux questions présentes. Une violente discussion s'ensuivit. Des récriminations d'une énergie extrême se firent entendre, à propos des fléaux inouïs qui résultaient d'un état désastreux : « Il est temps que les nations respirent, s'écria Raynouard, il est temps que les trônes s'affermissent, et que l'on cesse de reprocher à la France de vouloir porter dans tout le monde des torches révolutionnaires ».

Napoléon irrité d'attaques qui le visaient directement, ordonna l'ajournement indéfini du Corps législatif, 31 décembre, et, par ce nouveau 18 brumaire, justifia, une fois de plus, les accusations de despotisme dont il était l'objet.

1814

Ne pouvant plus compter que sur lui-même pour sauver sa puissance, l'Empereur garda une imperturbable fermeté devant le découragement universel, mais ne modifia pas son système.

Il avait tenu la nation éloignée des affaires publiques; il allait maintenant subir la peine de ses fautes, lever de nouvelles troupes, faire appel à l'insurrection des départements et prendre des mesures toujours intempestives et toujours insuffisantes.

En réalité, il n'avait pas quatre-vingt mille combattants à opposer à cinq cent mille alliés qui traversaient le Rhin.

Dès le 21 décembre précédent, l'armée autrichienne de Schwartzemberg était venue par la Suisse, dont elle avait violé la neutralité, dans le but d'opérer sa jonction avec l'armée prussienne de Blücher.

Le 25 janvier, l'Empereur partit des Tuileries, après avoir de rechef laissé la régence à Marie-Louise, et confié à la garde nationale sa femme et son fils qu'il ne devait jamais revoir. Il se porte au devant des envahisseurs, et leur livre une série de combats qui souvent tournent à son avantage. Cependant, découragé par la défaite de La Rothière, 1er février, il envoie Caulaincourt au congrès qui s'ouvre à Châtillon, 5 février, en lui donnant carte blanche pour « sauver la capitale et éviter une bataille où étaient les dernières espérances de la nation. »

Telle était la terreur que Napoléon sut constamment inspirer à ses adversaires, que, même dans ses revers les plus marqués, même jusqu'au dernier moment, il les maintint dans le désir de traiter avec lui. S'il eût cédé à propos, il eût assuré à ses compatriotes aux abois une paix depuis longtemps indispensable. En 1813, à Prague, il eût obtenu des conditions avantageuses sinon aussi brillantes déjà que celles auxquelles il avait droit à Francfort, en 1806. A Châtillon, il pouvait encore assurer à son ambition quelques chances de gloire Mais, jamais il ne voulut consentir à un sacrifice prompt et opportun. Les plénipotentiaires de l'Angleterre, de l'Autriche, de la Prusse et de la Russie déclaraient, au nom de l'Europe, qu'il fallait que la France rentrât dans ses anciennes limites, et que son intervention ne fût pas admise dans la répartition des contrées auxquelles elle renoncerait :

« Jamais, je ne signerai un tel traité, répondit l'Empereur ; j'ai juré de maintenir l'intégrité de la République. »

Enivré par un nouveau succès, il enjoint à Caulaincourt de ne s'entendre avec les alliés que sur les bases de la diète de Francfort de 1806 : « Je suis plus près de Vienne, dit-il, qu'ils ne sont de Paris. » Mais les alliés, qui connaissent la situation intérieure de la France, qui savent que le colosse, sous lequel le monde gémit, n'est pas invulnérable, que la tranquillité ne peut s'obtenir que par sa disparition, et qu'il faut l'attaquer simultanément pour obtenir de lui une paix solide, concluent le traité de Chaumont, par lequel ils s'engagent à poursuivre la guerre, et à no jamais accepter de trêves isolées, 1er mars. Le 19, ils déclarent les négociations terminées.

Douze insuccès en un mois ébranlent cependant la coalition. Napoléon triomphe encore; mais, partout où il n'est pas, l'ennemi gagne du terrain. Après la bataille indécise d'Arcis-sur-Aube, 20 mars, nos troupes sont battues à la Fère-Champenoise, 25 mars, et se replient sur Paris, où les envahisseurs arrivent en même temps qu'elles. — Là, aucun préparatif de défense : quatre canons seulement sur la butte Chaumont, sept sur la butte Montmartre. Joseph, resté à la tête du commandement, ne peut que faire partir l'Impératrice et le roi de Rome, pendant que, à peine vingt-cinq mille hommes de troupes et cinquante mille de garde nationale se défendent contre deux cent mille.

La journée d'héroïques, mais inutiles efforts du 30 mars, et la capitulation, signée, le 31, par le général Moncey et par les douze maires de Paris, réduisent la capitale, près de laquelle s'arrête Napoléon, arrivé deux heures trop tard pour s'opposer à ce résultat.

Une grande tranquillité règne alors dans les esprits. Le 31 mars, au matin, sont semées à profusion des proclamations de Louis XVIII, et une déclaration des alliés laissant les Français libres de choisir le gouvernement qu'ils voudraient. Bientôt, de jeunes nobles parcourent à cheval les boulevards, en criant : « Vive le Roi ! » et en jetant des cocardes blanches à une foule immense qui les reçoit avec enthousiasme; et lorsque l'empereur Alexandre, le roi de Prusse et les princes de leurs familles font enfin leur entrée, les femmes de la haute société s'avancent au-devant d'eux ; des cocardes blanches, remplacées à leur défaut par des morceaux de mouchoirs, sont par elles distribuées à qui en veut; toutes celles que mettent en vente de petits marchands ambulants sont instantanément enlevées ; et, au passage des alliés, retentissent partout des acclamations de : « Vive Alexandre ! Vive le Roi ! Vive Louis XVIII ! Vivent nos libérateurs ! » auxquelles les souverains répondent : « Vive Louis XVIII ! ».

Le 1er avril, paraît la déclaration des alliés de ne plus traiter avec Bonaparte ni avec aucune personne de sa famille, de conserver l'ancienne France dans toute son intégrité, de reconnaître la constitution que la nation se donnera, et d'inviter le Sénat à nommer un gouvernement provisoire. C'était s'adresser non à une conquête que l'on voulait asservir, mais à une puissance rivale dont on voulait se faire une amie.

L'idée d'une restauration de la monarchie héréditaire était

dans la plupart des aspirations. Il n'y avait pas d'autre parti à prendre. Pas plus en dedans qu'en dehors du pays il ne pouvait être question d'une autre forme de gouvernement, et cette idée fut promptement et spontanément admise, tant comme question de principe, que comme moyen de se soustraire à la conquête et d'arriver à la paix. Les fonctionnaires eux-mêmes étaient disposés à accepter tout, plutôt que de renoncer à leurs positions, et soixante-deux sénateurs nommèrent, 2 avril, membres du gouvernement provisoire, Talleyrand, Beurnonville, de Jaucourt, Dalberg, Montesquiou, et, comme président, Talleyrand, qui, des premiers, avait pris la cocarde blanche, et dont l'accord avec les princes existait, disait-on, depuis trois mois. Aussitôt le Sénat prononça la déchéance de Napoléon, le mit hors la loi, et releva de leur serment le peuple et l'armée.

Le 3 avril, le gouvernement provisoire fut organisé, et les ministres nommés. Les églises retentirent du *Salvum fac regem*. Le 6, une constitution, adoptée en quelques heures, appelait au trône Louis-Stanislas-Xavier de France, et devait être soumise à l'acceptation du peuple.

Entre temps, Napoléon, retiré à Fontainebleau, entouré des débris encore imposants de son armée, avait signé, 4 avril, une abdication en faveur de son fils, et essayé d'entamer des négociations. Mais Marmont traite directement avec l'ennemi, et cette défection, dont il devait porter le fardeau aux yeux de la postérité, et que l'on a appelée sa trahison, change l'état des affaires. Malgré la prochaine et glorieuse victoire de Soult à Toulouse, 10 avril, les propositions de l'Empereur furent rejetées, et lui-même, dès le 6 avril, avait dû se résigner à une abdication pure et simple formulée dans les termes suivants :

« Les puissances alliées, ayant proclamé que l'empereur Napoléon était le seul obstacle au rétablissement de la paix en Europe, l'empereur Napoléon, fidèle à ses serments, déclare qu'il renonce pour lui et ses héritiers aux trônes de France et d'Italie, parce qu'il n'est aucun sacrifice personnel, même celui de la vie, qu'il ne soit prêt à faire à l'intérêt de la France ».

Ces paroles, qui allaient recevoir bientôt un éclatant démenti, furent accueillies par les insanités populaires d'une haine désormais manifeste et triomphante. Jamais, dit Thiers, on n'a surpassé, dans aucun temps, dans aucun pays, l'explosion de colère qui signala la déchéance constatée de Napoléon.

Les pères et mères de famille, réduits jusque-là à maudire en secret une guerre perpétuelle qui dévorait leurs enfants, n'appelaient plus maintenant Napoléon que des noms les plus atroces. On n'avait pas plus maudit Néron dans l'antiquité, Robespierre dans les temps modernes. On ne le désignait plus que par le titre de l'*ogre de Corse*. Toutes ses actions étaient dénaturées, comme si, à la vérité déjà trop grave par elle-même, il eût été besoin, en les racontant, d'ajouter la calomnie. Il n'avait pas fait, disait-on, une seule campagne qui fût véritablement belle. Comme conclusion, on déclarait qu'il n'était même pas Français, ce dont, d'ailleurs, il fallait se féliciter pour l'honneur de la France, qu'il avait changé son nom de Buonaparte pour celui de Bonaparte, que son prénom de Napoléon était celui d'un saint imaginaire, et que c'était Nicolas et non Napoléon qu'il fallait joindre à son nom de famille.

Dès lors, on n'entendit plus que des imprécations contre l'homme dont naguère on avait fait une idole. On oublia qu'il avait, au début de sa carrière politique, tiré la France de l'anarchie, et on ne se souvint plus que de ses fautes. On descendit sa statue de la colonne érigée place Vendôme. On brisa les insignes du régime impérial. Jusqu'aux dignités créées par Napoléon furent l'objet de plaisanteries d'un goût très douteux. Il est dit dans l'histoire de la comtesse Hélène Potocka que les sénateurs furent appelés les *Comtes bleus*, les chambellans les *Comtes à dormir debout*, les officiers d'ordonnance, les *Comtes courants*, les généraux, les *Comtes rendus*.

Un traité, conclu avec les alliés, sur les bases de l'abdication, 11 avril, conserva à Napoléon son rang, son titre, ses honneurs, avec l'île d'Elbe en souveraineté, deux millions de rente, et sept à huit cents hommes de sa vieille garde qui lui serviraient d'escorte d'honneur et de sûreté. Parme et Plaisance étaient assignés à Marie-Louise et à son fils, une somme annuelle de deux millions devait être partagée entre les frères et sœurs de l'Empereur, la dotation de Joséphine, maintenue, mais réduite à un million ; une principauté promise au prince Eugène.

Napoléon avait, lui-même, engagé ses généraux à servir les Bourbons. Il acceptait son sort, si pénible fût-il. Mais, après avoir voulu faire de la France la maîtresse de l'Europe ; après l'avoir reçue si grande il la laissait si petite ! La responsabilité de ce résultat, que les provinces qu'il allait traverser pour se rendre au lieu de son exil, pouvaient lui faire expier cruellement, l'effraya ; et lui qui, sur un champ de bataille, n'avait jamais tremblé devant la mort, craignit d'être l'objet d'un infâme supplice de la part de populations violemment irritées.

A la suite des accablants évènements de la journée du 11, il résolut donc, pendant la nuit, d'en finir avec les embarras de

l'existence, et avala une forte dose d'opium, que, depuis quelque temps, il conservait dans son nécessaire de voyage.
Les effets du poison ne furent pas ceux qu'il désirait. Il dut
se résigner à vivre, et se mit en mesure de quitter Fontainebleau.

D'après une autre version ce fut en 1815, après Waterloo,
dans la nuit du 21 au 22 juin, que l'Empereur avala une
certaine dose de poison qu'il portait dans une breloque et dont
il essaya ensuite de combattre l'action.

Il prit congé de Macdonald, de la façon la plus affectueuse,
conserva près de lui le général Bertrand resté fidèle au malheur,
et le général Drouot, dont il avait dit : « Drouot... Drouot,
c'est la vertu ! » Enfin, le 20 au matin, sa garde étant campée,
il la fit ranger en cercle autour de lui, dans la cour du château,
et adressa à ses vieux compagnons d'armes, profondément
émus, les adieux les plus touchants. Le bataillon, destiné à le
servir à l'île d'Elbe, était déjà en route.

Son voyage se fit lentement, et ce ne fut pas sans de grands
dangers qu'il atteignit sa retraite, tant les contrées qu'il traversa lui manifestèrent de sentiments haineux.

Le comte d'Artois, qui, le 12 avril, avait précédé, comme
lieutenant général du royaume, son frère Louis XVIII, signa
une convention qui mettait fin aux hostilités, 23 avril. Toute
la France s'était ralliée au gouvernement provisoire, avec un
empressement qui était la condamnation du régime impérial
et la conséquence, autant de la docilité des autorités, que de
l'habileté avec laquelle les alliés avaient ménagé les suscepti-
bilités nationales. La plupart des généraux envoyèrent successivement leur adhésion. La cocarde blanche fut substituée à
la cocarde tricolore.

Lorsque le nouvel élu débarqua à Calais, 24 avril, il n'eut
plus qu'à faire son entrée à Paris. Celle-ci s'effectua le 3 mai,
après une nuit passée dans le château de Saint-Ouen, appartenant à la comtesse Potocka. Il est dit dans l'histoire de cette
comtesse que d'immenses préparatifs, aussi somptueux que
rapidement exécutés, donnèrent un grand éclat à la réception
royale. La statue de Henri IV avait été rétablie en plâtre, sur
le Pont-Neuf, en attendant qu'elle le fût en bronze, d'après le
modèle exact de l'ancienne, qui avait disparu. Des deux côtés
de la statue, à quelque distance, deux temples en bois étaient
élevés, et ornés de festons, guirlandes et candélabres. Ils ren-
fermaient deux orchestres. Sur des gradins, étaient cent
jeunes filles de la ville, vêtues de blanc, couronnées de lis,
et portant des corbeilles de fleurs. Deux haies de garde nationale bordaient le pont. En général, toutes les rues où le

cortège devait passer étaient tapissées de tentures des Gobelins et de festons.

Parti de Saint-Ouen, à dix heures, le Roi alla à Notre-Dame. Les ponts, les quais, les toits des maisons étaient remplis de monde. De la vie, on n'avait vu une foule semblable. Tous ceux qui avaient assisté au sacre et aux entrées de Bonaparte, disaient que ce n'était pas comparable.

Les bataillons à pied et les escadrons à cheval de la garde nationale ouvraient la marche. Ensuite, venaient la gendarmerie et l'ancienne garde de l'Empereur. Tous présentaient les armes devant la statue de Henri IV.

Il y avait là vingt-quatre voitures qui avaient servi au sacre de Napoléon et auxquelles avait été ajouté l'écusson des armes de France. Elles étaient attelées de huit chevaux. Celle du Roi était une magnifique calèche attelée de huit chevaux blancs. Le Roi, assis dans le fond, avait à sa gauche Mme la duchesse d'Angoulême, et, en face de lui, le prince de Condé et le duc de Bourbon, son fils. Monsieur, frère du Roi, et le duc de Berry étaient à cheval, à la portière, ainsi que les maréchaux. Le duc d'Angoulême était encore dans le Midi. Pendant la marche, les orchestres exécutèrent l'air : « Vive Henri IV ! » Les jeunes filles descendirent de leurs gradins et versèrent leurs corbeilles de fleurs devant les pas des chevaux du Roi, aux acclamations de la multitude. Le Roi et les princes ôtèrent leurs chapeaux en passant devant la statue.

Le 30 mai, Louis XVIII accepta un traité par lequel la France se retrouvait placée sous le droit public, conformément au traité de Westphalie, et ramenée aux limites de 1792, avec quelques annexes, principalement du côté de la Savoie. Elle recouvrait la Guadeloupe, la Martinique, la Guyane, le Sénégal, Bourbon, Pondichéry. Elle reconnaissait — sans y prendre part — la distribution suivante des pays cédés par elle, distribution qui deviendrait définitive grâce au congrès de Vienne, où les puissances, engagées dans la précédente collision, enverraient des plénipotentiaires : la Hollande et la Belgique réunies sous la maison d'Orange, l'Allemagne confédérée en états indépendants, l'Italie composée d'états souverains, l'Angleterre maintenue en possession de Maurice, Tabago, Sainte-Lucie, Le Cap, Malte et les îles Ioniennes.

Le principe représentatif, déjà admis dans la déclaration de Saint-Ouen, 2 mai, est consacré, 4 juin, par la promulgation de la charte constitutionnelle, qui fut datée de la dix-neuvième année du règne de Louis XVIII, et établit une Chambre des pairs nommée par le Roi, et une Chambre des députés nommée par les électeurs censitaires, c'est-à-dire payant un impôt déter-

miné. Les deux Chambres étaient chargées de voter les
impôts, et de discuter les lois qui, avant de devenir obliga-
toires, devaient être soumises à la sanction royale.

Le gouvernement rétabli avait de grandes chances de succès.
On conservait en France le souvenir et le culte des traditions
dynastiques. On était fatigué de la révolution, de la République et de la guerre. Sauf quelques fanatiques de la légende
napoléonienne, on voulait le calme ; le parti libéral applau-
dissait à la ruine du despotisme. L'étranger fondait les plus
grandes espérances sur le retour des Bourbons.

Telle est cependant la mobilité de l'esprit humain, tel son
besoin de ne jamais se reposer, de ne jamais se désintéresser
d'un succès qu'il croit avoir obtenu, que la tranquillité n'était
que superficielle. Le souffle révolutionnaire n'était pas éteint ;
et, le premier mouvement d'enthousiasme passé, on se prit à
dire tout haut que la charte n'était qu'une concession pure-
ment illusoire et temporaire. On s'irrita de la préférence
donnée aux émigrés dans la répartition des emplois et des
faveurs. Le rétablissement de la croix de Saint-Louis faisait
craindre l'abolition de l'ordre de la Légion d'honneur. Le
retour aux errements de l'ancien régime effrayait. L'union de
la liberté et de la monarchie paraissait impossible.

Dans une toute autre région, aux Tuileries même, s'était
formé un parti de royalistes, plus royalistes que le roi, comme
on disait alors, qui trouvait qu'on faisait trop de concessions
à la révolution, traitait Louis XVIII de jacobin, et regrettait
que la constitution n'eût pas été rédigée suivant ses idées et à
son profit.

Il n'y avait pas de société, est-il constaté dans les *Mémoires*
de la comtesse Potocka, où l'on ne frondât le gouvernement, et
cela venait de la trop grande bonté du Roi et de l'extrême
liberté laissée à chacun de dire, faire et écrire tout ce qui lui
passait par la tête.

1815

En dix mois, le nouvel état de choses fut usé. Napoléon,
qui suivait attentivement les progrès que le mécontentement
faisait dans l'opinion, dans l'armée surtout, conçut l'audacieuse
pensée de reparaître en France et de ressaisir sa couronne.

Le 26 février, au milieu d'un bal dans lequel il recevait le
consul anglais chargé de surprendre ses démarches, il sortit

sans éveiller de soupçons, quitta l'île avec quatre petits bâtiments portant un millier d'hommes, et débarqua près de
Cannes, 1er mars : « Soldats! dit-il, dans une proclamation,
venez vous ranger sous les drapeaux de votre chef ; la victoire
marchera au pas de charge ; l'aigle, avec les couleurs nationales, volera de clocher en clocher jusqu'aux tours de Notre-
Dame. »

Il traversa les départements du Var, des Hautes-Alpes et de
l'Isère, au milieu des acclamations des paysans. Aux premières
troupes, qui furent envoyées contre lui, il se présenta seul en
disant : « Y a-t-il quelqu'un d'entre vous qui veuille tuer son
empereur ? » Et l'on se jeta à ses pieds, on baisa ses mains, ses
habits; on poussa des cris d'enthousiasme. Sa marche fut un
continuel triomphe; toutes les villes lui ouvrirent leurs portes.

Louis XVIII avait confié au maréchal Ney le soin de l'arrêter.
Ney avait promis de remplir cette mission : « Il faut, disait le
maréchal, le ramener dans une cage de fer. » Mais lorsqu'il
connut l'opinion des régiments, il suivit l'entraînement général
et alla rejoindre à Auxerre l'Empereur, qui lui pardonna sa
défection momentanée. Napoléon rentra à Paris, 20 mars, date
anniversaire de la naissance du roi de Rome, pendant que
Louis XVIII et sa famille repassaient la frontière et se reti-
raient à Gand.

Au milieu de sa gloire, Napoléon ne s'était guère dissimulé
le peu d'affection qu'une grande partie de la France avait pour
lui. Une fois, est-il dit dans les *Mémoires de Mme de Chastenay*, il demandait à M. de Fontanes et à d'autres : « Que
pensez-vous qu'on dirait de moi si je venais à mourir? »
Chacun s'évertuait au plus puissant éloge : « Eh bien ! reprit
Bonaparte, on dirait tout simplement : Ah ! l'on respire enfin !
on est débarrassé, et c'est sûrement bien heureux ! » En 1814,
il avait avoué qu'il était le seul obstacle au rétablissement de
la paix en Europe, il avait reconnu que la France le rejetait et
voulait « d'autres destinées », et il avait renoncé au trône pour
lui et pour ses héritiers. En cherchant à rétablir son pouvoir,
il méconnaissait donc les aspirations nationales, il étouffait les
cris de sa conscience, il violait les engagements qu'il avait
pris ; et, cette fois encore, ce serait moins l'Europe qui lui
déclarerait la guerre, que lui qui déclarait la guerre à l'Europe.

En présence de ce retour inattendu, la coalition devait être
bientôt renouée. Les souverains alliés se partageaient alors,
au célèbre congrès de Vienne, les dépouilles de l'Empire et
ils le faisaient à grand renfort de fêtes et de dépenses. Ces
dernières s'élevèrent, dit-on, à quarante millions de francs, la
table impériale, seule, coûtant 800,000 francs par jour. Le traité

de Chaumont, de l'année précédente, fut renouvelé, et tous les états de l'Europe, même la Suisse, y adhérèrent. Au mois de juin, deux cent mille Russes s'ébranlèrent au cœur de l'Allemagne; cent soixante mille Anglais, Hollandais, Hanovriens, sous Wellington, cent vingt mille Prussiens, sous Blücher, débouchèrent en Belgique, et les frontières à peine délaissées furent menacées de nouveau.

Cependant l'Empereur a équipé trois cent mille soldats et mobilisé cent cinquante mille gardes nationaux. Il court au devant des armées étrangères, bat les Prussiens à Ligny, près Namur, 16 juin, et s'avance contre les Anglais, en laissant trente mille hommes commandés par Grouchy pour contenir les Prussiens. Une nouvelle bataille s'engage à Waterloo, 18 juin, et les Anglais, défaits, se mettent en retraite, lorsque les Prussiens, qui ont échappé à Grouchy, viennent se joindre à eux. Les Français sont écrasés et mis en pleine déroute. Napoléon revient à Paris, où sa défaite a été accueillie par une hausse à la Bourse, et où sa présence provoque une explosion de fureur. Il cherche vainement à s'entendre avec la Chambre sur les mesures de salut:

« Je ne vois, dit Lafayette, qu'un homme entre la paix et nous; nous avons assez fait pour lui; notre devoir est de sauver la patrie. » Et un message lui est envoyé pour demander son abdication, à laquelle il se résigne, 22 juin.

Tout, cependant, n'était pas perdu pour lui. Les débris de Waterloo, retirés sous Paris, s'y étaient grossis de nombreux renforts dont Davout prit le commandement. Mais Fouché, qui venait de recevoir le portefeuille de la police, refusa la demande que lui fit l'Empereur de le laisser se mettre à la tête de l'armée, et menaça de le faire partir de force.

Napoléon se rendit à Rochefort, où les croisières anglaises tenaient la mer. Il résolut de se confier à la générosité britannique, et écrivit, au prince régent d'Angleterre, l'éloquente lettre suivante : « En butte aux factions qui divisent mon pays, et à l'inimitié des plus grandes puissances de l'Europe, j'ai terminé ma carrière politique, et je viens, comme Thémistocle, m'asseoir sur le foyer du peuple britannique. Je me mets sous la protection des lois que je réclame de votre altesse comme du plus puissant, du plus constant et du plus généreux de mes ennemis. »

Sa confiance fut trompée. Monté sur le *Bellérophon*, pour être conduit en Angleterre, 15 juillet, il fut, malgré ses protestations, déclaré prisonnier, et conduit à l'île Sainte-Hélène, qui devait être sa prison, 18 octobre suivant, et son tombeau, 5 mai 1821.

Davout attendait les Anglo-Prussiens près de Paris. Le gouvernement provisoire, s'étant opposé à de nouvelles résistances, il se retira derrière la Loire, ce que Napoléon ne lui pardonna jamais. Le 5 juillet, les alliés entrèrent dans la capitale, et rappelèrent Louis XVIII, qui, après un exil d'à peu près cent jours, remonta sur le trône, 8 juillet.

La France ne regretta pas l'Empereur. Si elle s'était crue attachée à lui par quelque motif de reconnaissance, elle ne l'aurait pas abandonné, sans tenter un effort quelconque pour le conserver. Elle ne l'aurait pas laissé tomber aux mains de ses ennemis, sans protester au moins contre la captivité arbitraire dont il était l'objet.

Mais à cette époque, elle répugnait à l'anarchie républicaine et à la dictature impériale. Toutes les classes de la société avaient souffert, et presque toutes accueillirent avec enthousiasme le retour des Bourbons, parce que le retour s'imposait, et était un gage assuré de pacification :

« Les Bourbons conviennent mieux que moi dans ce moment à la France », avait dit Napoléon lui-même à Lucien.

Dans une lettre datée de Ligny, 8 juillet, l'empereur Alexandre se félicitait, avec Louis XVIII, du succès de la bataille de Waterloo, et disait en propres termes : « L'Europe, en reprenant les armes contre Napoléon Ier, n'a eu en vue que d'assurer son propre repos, et d'opérer le salut de la France. » Il voulait s'entendre avec Louis XVIII pour « fonder le rétablissement d'un gouvernement légitime et libéral, autant sur les vœux des Français, que sur la réunion des suffrages de toutes les puissances. »

Le nouveau ministère fut formé comme suit : Talleyrand, Fouché, Pasquier, Gouvion-Saint-Cyr, de Jaucourt, de Richelieu, Louis.

Le ministère de l'intérieur resta provisoirement vacant, ce qui prêta à rire parce que Chateaubriand, qui avait occupé ce poste lorsque la cour de France était à l'étranger, en sortait lorsque la cour rentrait en France. La raison en fut que Chateaubriand avait manifesté des tendances quasi-libérales qui actuellement effrayaient ; et ce ne fut que quelque temps après qu'il redevint ministre. Etrange composition dans tous les cas, celle d'un cabinet, à la tête duquel paraissaient un ancien évêque, marié, revêtu, comme l'écrit Mme d'Abrantès, de quatorze serments et d'un adultère avec l'Eglise, et, en second lieu, un ancien oratorien, prêtre apostat, et régicide.

Maintenant, telle soit la conclusion que l'on veuille tirer des changements introduits dans la politique française depuis 1789,

Il est difficile de méconnaître que quels que funestes qu'aient pu être ces changements, il fallait désormais en tenir compte, et, bon gré mal gré, faire la part de certaines tendances qui, une fois admises, ne cèdent jamais. Napoléon avait frappé le pays de mutisme, en l'empêchant de manifester ses tendances et ses aspirations. Sous peine de n'être pas plus viable que lui, la Restauration devait réveiller les intelligences, remettre la tribune en honneur, et délivrer la pensée comprimée par l'absolutisme.

FIN

TABLE

www.ingramcontent.com/pod-product-compliance
Lightning Source LLC
LaVergne TN
LVHW021724080426
835510LV00010B/1132